Nikolaus B. Enkelmann

Claudia E. Enkelmann

# Alles beginnt im Denken!

Nikolaus B. Enkelmann
Claudia E. Enkelmann

# Alles beginnt im Denken!

## Mit Freude erfolgreich sein

Alle Ratschläge in diesem Buch wurden von den Autoren und vom Verlag sorgfältig erwogen und geprüft. Eine Garantie kann dennoch nicht übernommen werden. Eine Haftung der Autoren beziehungsweise des Verlages und seiner Beauftragten für Personen-, Sach- und Vermögensschäden ist daher ausgeschlossen.

Bibliografische Information der Deutschen Bibliothek

Die Deutsche Bibliothek verzeichnet diese Publikation in der Deutschen Nationalbibliografie; detaillierte bibliografische Daten sind im Internet über http://dnb.d-nb.de abrufbar.

ISBN: 978-3-947942-81-7

Tolino: ISBN: 978-3-947942-79-4
Pdf: ISBN: 978-3-947942-78-7
Kindle: ISBN: 978-3-947942-80-0

Umschlaggestaltung: Bettina Knell, Großkrotzenburg
www.knell-design.de
Satz und Layout: Dr. Alex Klubertanz, Garmisch-Partenkirchen
Produktion: www.rocket-libri.com

2. Auflage


www.enkelmann.de

# Inhalt

# Vorwort

## Zum Gebrauch dieses Buches

Liebe Leser,

wenn Sie dieses Buch lesen, sind Sie bereits dabei, Ihr Leben *positiv* zu verändern. Deshalb sollten Sie es keinesfalls nur überfliegen, sondern die für Sie wichtigen Beiträge Satz für Satz »studieren«. Sie können an jeder Stelle des Buches beginnen, denn jedes Kapitel ist ein Werk für sich und wird ihr Denken berühren.

Dazu rate ich Ihnen folgende Vorgehensweise: Sie wissen ja noch aus Ihrer Schul- oder Studienzeit, dass es besonders effektiv ist, wenn man nur »mit dem Bleistift« liest. Statt des Bleistiftes nehmen Sie zwei verschiedenfarbige Stifte, zum Beispiel einen grünen und roten Marker. Mit dem grünen Stift unterstreichen Sie alles, was Ihre bisherigen Erkenntnisse bestätigt. (Das steigert Ihr Selbstbewusstsein.) Mit dem roten Stift unterstreichen Sie die Erkenntnisse, die neu für Sie sind, und über die Sie jetzt zum ersten Mal nachdenken. (Das steigert Ihre Lernfähigkeit und aktiviert Ihr Gedächtnis.)
Diese aktive Herangehensweise hat drei entscheidende Vorteile:

- 1. Sie aktivieren das bereits vorhandene Wissen.
- 2. Ihr Gehirn speichert und festigt mühelos neue Erkenntnisse.
- 3. Sie finden wichtige Informationen sofort wieder.

Nutzen Sie dieses Buch und entfalten Sie Ihre einzigartige Persönlichkeit!

Verschenken Sie nicht die Chance Ihres Lebens!

*Nikolaus B. Enkelmann (1936-2017)*
*www.enkelmann.de*

# Jeder Mensch braucht Zukunft

Ein New Yorker will einem Gast aus Fernost eine Sehenswürdigkeit am Rande der Stadt zeigen. Sie fahren mit dem Zug, steigen aus und schicken sich an, die letzten fünfhundert Meter zu Fuß zu gehen. Da kommt ein Bus und der Amerikaner ruft: »Kommen Sie rasch, steigen Sie ein, wir gewinnen drei Minuten.« Der Asiate rührt sich nicht, sondern fragt ganz ruhig: »Und was tun wir mit den gewonnenen drei Minuten?«

Diese Frage ist unsere große Lebensfrage.

»Was machen wir aus unserer Zeit? Was machen wir aus unserem Leben?«

Zeit ist Leben!

Es gibt Menschen, die leben, als seien sie unsterblich, als hätten sie zu viel Zeit, während andere immer in Eile und Hektik sind und nie Zeit haben. Wir alle sind auf dem Weg. Auf dem Weg, der aus der Vergangenheit über die Gegenwart in die Zukunft führt.

Um unseren eigenen Standort zu bestimmen, ist es am besten, sich von höherer Warte einen Überblick zu verschaffen, einen Weit- und Überblick zu bekommen und uns dann unserem eigenen Schicksal zuzuwenden.

## … denn alles beginnt im Denken!

Alle sprechen von der Krise. Wir nicht! Die Zukunftsprognosen der meisten Medien sind pessimistisch. Ist dieser Pessimismus nun der Wegweiser in unsere Zukunft? Es ist zweifellos so, dass Menschen leicht beeinflussbare Wesen sind. Die negativen Schlagzeilen in Zeitungen und Zeitschriften, die schlechten Nachrichten in Fernsehen und Internet haben sich inzwischen in so vielen Gehirnen festgesetzt, dass daraus eine negative, lähmende Überzeugung wird. Die viel diskutierte Grundfrage lautet: »Haben wir die Grenzen des Wachstums erreicht?«

Leben heißt Wandel.

Leben heißt: »Altes stirbt – Neues wird.« Auch im wirtschaftlichen Leben sieht es nicht anders aus. Es gibt, wie auch beim einzelnen Menschen, zwei Möglichkeiten: sich auf vergangenen Erfolgen auszuruhen oder sie zu verlängern oder zu erneuern. Zu einer Krise kommt es immer dann, wenn Zufriedenheit zu Stillstand führt, dazu, sich selbst oder eine Situation nicht mehr weiterzuentwickeln und auf Änderungen hin zu beobachten. Überall im Leben gilt die Maxime »Stillstand ist Rückgang!«. Zu allen Krisenzeiten gab es positive und negative Beispiele dafür, wie die Menschen mit Problemen umgingen. Der eine klagte, der andere stabilisieret. Unternehmen meldeten Konkurs an, wo andere Millionenumsätze machten.

Der menschliche Geist hat auf Krisen immer schöpferische Antworten gefunden.

Die Chaosforschung hat erkannt, dass es im Universum auch eine kreative Fähigkeit gibt.

Menschen müssen die Angst vor ihren Problemen verlieren und den Mut haben, den Stier bei den Hörnern zu packen. Wer das Leben meistern will, braucht Mut und Selbstvertrauen. Man kann lernen, seine Angst zu überwinden. Dazu müssen Ängste als solche erst einmal erkannt werden, bevor sie in Stärken umgewandelt werden können. Fast jeder Mensch hat in seinem Leben eine Situation erlebt, in der er über sich selbst hinausgewachsen ist. Jeder Mensch ist in der Lage, ungeahnte Kräfte zu mobilisieren, wenn die Situation es erfordert.

Die Welt ist fraglos voller Risiken und Gefahren, doch sie ist auch voller Chancen und Möglichkeiten. Es ist alles eine Frage der Einstellung. Nur ein Mensch, der die Chancen und Möglichkeiten sieht, ist motiviert, seine Energie und seine Fähigkeiten einzusetzen, um diese wahrzunehmen. Und nur jemand, der anderen diese Chancen aufzeigen kann, kann motivieren.

Der amerikanische Schriftsteller Mark Twain zeigt uns mit seinem Spruch »In meinem Leben habe ich unvorstellbar viele Katastrophen erlitten. Die meisten davon sind nie eingetreten.« eines: Der Optimist ist der wahre Realist. Denn tatsächlich sind die herbeifantasierten Katastrophen im Leben Twains nicht eingetreten. Das heißt nicht, dass wir uns nicht immer wieder auf Wegkreuzungen befinden, an denen wir uns entscheiden müssen, in welche Richtung wir gehen. Und in jedem Leben gibt es Katastrophen, Krisen und Probleme. Ein Optimist, ein Mensch mit einer motivierten Grundhaltung, wird damit aber viel konstruktiver umgehen als ein Pessimist.

Diese Beispiele demonstrieren anschaulich: *Nur das, was wir beachten, hat für uns Bedeutung.* Konzentrieren wir uns darum in Zukunft stärker auf unsere positiven Möglichkeiten und Chancen, Krisennachrichten sollten wir wenig Beachtung schenken.

Die Medien und die vielen sonstigen Kanäle, über die Informationen zu uns kommen, suggerieren uns, dass in der Welt unglaublich viele negative Dinge passieren und Kriege, Terrorismus, Naturkatastrophen und Krankheiten die Norm sind. Überall wird kommentiert, kritisiert, schlecht gemacht, eine pessimistische Sicht auf vieles prägt Politik und Wirtschaft. Die richtige Einordnung dieser Nachrichten fällt vielen schwer, kein Wunder bei der Menge und den permanenten Wiederholungen.

Viele Menschen befinden sich in einer Sinnkrise und steuern auf den nächsten Burn-out zu mit Wechselwirkungen in allen Lebensbereichen – Unzufriedenheit oder Frustration im Beruf beeinflussen die Partnerschaft und das Familienleben, Probleme im persönlichen Bereich wirken sich auf die Arbeitsleistung aus. Destruktive Gefühle fördern Angst, lähmen und blockieren. Dabei vergessen wir, wie groß die Ansteckungsgefahr ist, die von negativen Gefühlen ausgeht. Wer solche Gefühle in sich trägt, wird weder sich selbst noch andere motivieren können. Zögern und Bremsen sind jedoch nicht die Lösung für die Probleme der Gegenwart und der Zukunft. Wir alle tragen die Verantwortung für unsere persönliche Zukunft, denn wir haben, im Gegensatz zu Tieren und Pflanzen, die Fähigkeit mitbekommen, unser Leben zu gestalten. Und damit auch die Pflicht, das Beste aus unserem Leben zu machen. Und das Beste ist nicht mit einer negativen Sicht auf die Welt und die Menschen, die in ihr leben, zu erreichen. Die großen Herausforderungen werden wir nur mit einer positiven Grundhaltung bewältigen, mit Optimismus. Optimismus ist immer dann entscheidend, wenn Ergebnisse und Ereignisse von unserer Erwartungshaltung beeinflusst werden.

Wir erschaffen uns unsere Realität somit selbst, in unseren Gedanken. Wenn wir uns mit pessimistischen Gedanken beschäftigen, werden wir eine pessimistische Sicht auf die Welt haben. Doch es gilt auch: Wenn wir uns mit optimistischen Gedanken beschäftigen, werden wir eine optimistische Sicht auf die Welt haben.

*Pessimismus lähmt – Optimismus befreit.*
*Pessimismus macht Angst – Optimismus macht Mut.*
*Pessimismus schafft Probleme – Optimismus löst Probleme.*
*Pessimismus ist zerstörerisch – Optimismus ist schöpferisch.*
*Pessimismus führt zum Misserfolg – Optimismus führt zum Erfolg.*

Wenn Sie meine Grundgesetze der Lebensentfaltung umsetzen, dann können Sie die größten Ziele erreichen und - denn sie gehören auch zum Leben - die größten Krisen meistern. Haben Sie den Mut, sich ein vollkommenes Bild Ihrer Zukunft vorzustellen. Nicht all Ihre Träume werden sich erfüllen, aber Sie kommen Ihrem Ideal immer näher und lösen sich damit aus der Masse, denn: Sie haben Ihren individuellen Schöpfungsplan erstellt. Der österreichische Psychiater Viktor Frankl hat das sehr schön so ausgedrückt:
»Große Ziele nicht zu erreichen, ist keine Schande -
Schande ist es, keine großen Ziele zu haben.«

Die Erde ist kein Paradies - das musste jeder am schon eigenen Leibe erfahren. Leben ist Chaos und Unglück im Großen wie im Kleinen. Da gibt es Naturkatastrophen und persönliche Schicksalsschläge. Gerade in solchen Krisenzeiten unterscheiden sich die Menschen jedoch grundlegend voneinander.

Da ist das große Lager derer, die von vornherein resignieren oder nach kurzer Mühe aufgeben, und dann gibt es die diejenigen, die wachsen und reifen. Sie gehen mit Selbstbewusstsein und Elan daran, Ordnung in das Chaos zu bringen. Selbstbewusstsein und Optimismus sind Grundvoraussetzungen, um zu bestehen und sich weiterzuentwickeln. Aber auch solche Menschen müssen Zeiten durchstehen, in denen sie keinen Weg sehen, in denen sie beim besten Willen nicht mehr daran glauben können, dass man kann, was man will. Manche standen buchstäblich vor den Scherben ihrer gesamten Existenz, haben alles - inklusive der liebsten Menschen – verloren. Und selbst in diesen schwärzesten Stunden des Lebens verloren sie nicht die Fähigkeit, sich etwas zu wünschen. Der Unternehmer wünscht sich, seinen Betrieb wieder in die schwarzen Zahlen zu führen, obwohl er weiß, dass am nächsten Tag Konkurs angemeldet werden muss. Der Schwerkranke wünscht sich, nicht nur wieder gesund zu werden, sondern auch noch sportliche Höchstleistungen zu erbringen. Das hässliche Mädchen wünscht sich den Traumprinzen, und das Kind, das zum zweiten Mal nicht versetzt wird, wünscht sich, im nächsten Jahr Klassenbester zu werden. Niemand kann Ihnen Ihre Wünsche nehmen, egal wie aussichtslos die Lage auch sein mag. Wünsche erhalten uns am Leben.

### Optimisten leben länger

Eine optimistische Einstellung schlägt sich nicht nur in äußeren Erfolgen nieder, sondern wirkt sich auch auf die Gesundheit aus. Jeder von uns hat schon mit Krankheiten zu kämpfen gehabt, unangenehme Erfahrungen gemacht, musste Misserfolge, Enttäuschungen und Verletzungen meistern. Wenn man sich in diesen schwarzen Phasen des Lebens befindet, kann es schon einmal vorkommen, dass man den Mut verliert. Aber Krisen haben letztendlich auch etwas Gutes. Wir lernen auf eine mehr oder weniger schmerzhafte Weise, dass gerade die Schwierigkeiten uns helfen, Veränderungen einzuleiten, wir uns durch sie neue Perspektiven erarbeiten. Wer beispielsweise seinen Job verloren hat, fällt zunächst einmal in ein tiefes Loch. Nicht nur finanzielle Probleme machen zu schaffen, schlimmer sind das angeknackste Selbstbewusstsein und die Angst vor der Zukunft. Dann aber kommt es darauf an, was man aus der Situation macht. Oft erkennen Menschen erst durch diesen äußeren Druck, dass in ihnen viel mehr steckt, als sie selbst angenommen haben, dass in ihnen Talente schlummern, von denen sie bisher keine Ahnung hatten.

Krisen nutzen nicht wenige erfolgreiche Männer und Frauen. Sie sind erst durch eine schwere Krise wirklich erfolgreich geworden. Sie haben die Chancen in aussichtslos erscheinenden Situationen erkannt und genutzt. Das Schöne im Leben ist, dass man immer die Wahl hat – und es gibt mindestens zwei Möglichkeiten, meist aber viel mehr. Sie haben die Wahl, an der Vergangenheit zu zerbrechen oder an der Zukunft zu wachsen. Selbst wenn die Schatten der Vergangenheit Ihnen die Gegenwart schwer machen, die Entscheidung kann nur für die Zukunft fallen. Achten Sie auf Ihre Blickrichtung!

Der Optimist ist der einzige Realist!

Schaffen Sie Visionen, aktivieren Sie die enormen Kräfte Ihres ureigenen Schöpfungspotenzials. Schauen Sie nach vorn, lassen Sie Ihre Wünsche Realität werden, ändern Sie sich, und Sie tragen dazu bei, die Welt lichter und schöner zu machen.

# Die Krise als Chance

Alle paar Jahre gibt es eine neue Krise. Und dann sprechen alle nur noch von der Krise. Wir nicht! Medien wollen nicht motivieren; sie brauchen Schlagzeilen und dramatische Zukunftsprognosen. Das Geschäft mit der Angst blüht!

Ist dieser Pessimismus nun der Wegweiser in unsere Zukunft? Es ist zweifellos so, dass Menschen leicht beeinflussbare Wesen sind. Die pessimistischen Überschriften in Zeitungen und Zeitschriften haben sich inzwischen in so vielen Gehirnen festgesetzt, dass daraus eine negativ-lähmende Überzeugung wird. Die vieldiskutiere Frage heißt:

*Haben wir die Grenzen des Wachstums erreicht?*

Leben heißt »Altes stirbt – Neues wird«. Im wirtschaftlichen Leben sieht es nicht anders aus. Es gibt, wie auch beim Einzelnen, die zwei Möglichkeiten: sich auf vergangenen Erfolgen auszuruhen, oder sie zu verlängern oder gar zu erneuern.

Zu einer Krise kommt es auch dann, wenn aus Zufriedenheit aufgehört wurde, sich selbst oder eine Situation weiterzuentwickeln und auf Änderungen hin zu beobachten. Überall im Leben gilt die Maxime »Stillstand ist Rückschritt!«

*Der eine klagt, der andere stabilisiert und baut auf.*

Ausgangspunkt für unsere Analyse sind die Fragen:

- »Warum geht es dem einen besser und dem anderen weniger gut trotz gleicher Voraussetzung?«
- »Ist das Zufall oder Planung?«

Sicher ist es eine Binsenweisheit, dass der Mensch die Welt nicht so sieht, wie sie ist (die objektive Wirklichkeit), sondern so, wie sie ihm scheint. Ein indisches Sprichwort sagt: »Jeder sieht die Welt durch die Brille, die für seine Augen passt.«

Also sieht jeder nur das, was er sehen will. Der Pessimist sieht in der Zukunft ganz andere Entwicklungsmöglichkeiten als der Optimist. Beide werden sich also in der gleichen Situation ganz unterschiedlich verhalten und damit ganz unterschiedliche Entwicklungen einleiten und bewirken. Eine Entwicklung nimmt einen positiven Anfang, die andere beginnt negativ; ein Trend, der sich automatisch im Laufe seiner Weiterentwicklung verstärkt.

Wir haben nicht nur die Möglichkeit, auf das Leben zu reagieren, sondern die Chance, durch unser eigenes Verhalten andere zur Reaktion zu veranlassen. Wir sind also selbst Anfang und Ursache einer positiven Entwicklung.

## Der verlorenste Tag aller Tage ist der, an dem man nicht gelacht hat.

Es gibt Menschen, die sich durch Kummer, Sorge und Neid viele Jahre ihres Lebens verbittern lassen. Sie bauen eine Mauer um sich herum auf, eine Mauer aus Trübsal und Selbstmitleid, und sie wagen es nicht, über diese Mauer zu sehen. Es sind oft Menschen, die in den Herausforderungen des Lebens etwas Endgültiges sehen. Doch das Leben geht weiter. Wer aber einen Schicksalsschlag als etwas Endgültiges nimmt, verhindert eine Weiterentwicklung. Wir sorgen uns zu oft um Dinge, über die wir keine Macht haben. Dabei ist der einzige Mensch, der mich unglücklich machen kann, nur ich selbst.

Der fröhliche Mensch ist aktiv. Er fühlt Kraft und Energie in sich. Trägheit trägt immer einen negativen Keim in sich.

Ein froher Mensch weiß, was er will, er hat immer etwas vor, er lebt in der Zukunft, selbst dann, wenn in der Gegenwart schwarze Wolken vorbeiziehen. Frei, heiter und beschwingt sollten wir alle leben. Äußere Hilfe ist nichts im Vergleich zu den Reserven, die wir in uns tragen. Jeder Mensch ist stark, wenn er aus sich heraus lebt. Gelöst und heiter heißt, dass aufkommende Unlustgefühle immer gleich beseitigt werden können. Wer verdrossen und missmutig ist, sieht nicht die Realität. Wir wissen bereits, dass nur der Optimist der einzige Realist ist.

Ein richtiges Leben muss Vergnügen machen. Wenn uns das Leben keine Freude mehr bereitet, sind wir nicht auf dem erfolgreichen Weg, sondern in einer Sackgasse gelandet.

Das Leben eines Menschen läuft zwischen Freiheit und Zwang, zwischen »müssen« und »wollen«.

Wir sollten im Verlauf unseres Lebens immer mehr danach streben, einen Platz und eine Aufgabe zu finden, wo wir in Übereinstimmung mit uns selbst sagen können: *Ich will!*

Der gehemmte Mensch steht immer unter Zwang. Deshalb ist es wichtig zu lernen, immer besser nach unserer Bestimmung zu leben. Tun wir, was wir tun möchten, werden wir frei und glücklich und erfolgreich. Sie müssen nur an Ihre Persönlichkeit und die Möglichkeiten Ihres Unterbewusstseins glauben.

Das Fundament eines glücklichen Lebens sind Seelenruhe und Gesundheit, Freiheit von Schmerz und Abwesenheit von Angst. Die Freude ist das A und O des Lebens.

Wer sich nicht weiterentwickelt, kann sich auch nicht wirklich freuen. Angst ist ein inneres Gefängnis, aus dem uns nur die Freude befreien kann. Freude ist identisch mit Entwicklung und Entfaltung mit den vielfältigen Werdensmöglichkeiten des Kosmos. In der Freude hat der Mensch an der Entwicklung und dem Werden des Kosmos gleichsam von innen her teil. Er erfährt das Gefühl des Einsseins.

Auch er ist ein Teil einer schöpferischen Bewegung, die in ihm gegenwärtig und wirksam ist. Mit wirklicher Freude leben kann nur ein Mensch, der an der Verwirklichung seiner Lebensaufgabe arbeitet.

# Alles lebt aus der Beachtung

*Am Anfang ist immer der Gedanke,*
*ihm folgt die Idee, ihr die Tat.*

Wir kennen aus der Medizin den »Placebo-Effekt« – den Erwartungs-Effekt. Ein Placebo kann aussehen wie ein Medikament, enthält jedoch keinen Wirkstoff. Placebos werden zuweilen sogar von Ärzten verordnet. Fühlt sich der Patient nach der Einnahme besser, ist das ein rein psychologischer Effekt und nicht die Wirkung der Arznei. Bei Testsituationen reagieren 30 – 40 Prozent aller Personen auf Placebos positiv.

In Chicago bildete man zwei Studentengruppen. Die gemeinsame Aufgabe hieß, weiße Ratten zu dressieren. Der ersten Gruppe wurde die Information gegeben, es handle sich um sehr intelligente Ratten aus einer besonderen Zucht. Der zweiten Gruppe teilte man mit, es handle sich um Ratten ganz normaler Herkunft.

Nach vier Wochen wurden die Dressurleistungen miteinander verglichen. Das Ergebnis war wie erwartet: Die erste Gruppe hatte besser dressierte Ratten als die zweite Gruppe, obwohl alle Tiere aus der gleichen Zucht stammten.

Ein weiteres Beispiel:

Ein Team von Psychologen testete eine Schulklasse auf ihren Intelligenzquotienten und teilte ihre Testergebnisse in einer anschließenden Lehrerkonferenz mit. Dabei erwähnten sie die Namen von vier Schülern, die bei diesem Test am besten abgeschnitten hatten.

Ein Jahr später wurde den Lehrern die Frage gestellt: »Wie haben sich alle Schüler im Lauf dieses Jahres entwickelt?«

Das Ergebnis war nicht weiter erstaunlich. Die vier Schüler, deren Namen man in der ersten Besprechung genannt hatte, waren zu den besten Schülern aufgerückt. Sie waren beachtet, gefordert und dadurch gefördert worden. Die Erwartung hatte den sichtbaren Erfolg produziert; denn die vier stammten ursprünglich aus dem Klassen-Durchschnitt.

Folgende Geschichte kommt aus dem Leben: Ein Franzose wanderte nach Amerika aus und gründete dort eine Weingroßhandlung. Sein Unternehmen wuchs und wurde sehr bekannt. Zum 25-jährigen Geschäftsjubiläum gab er ein großes Fest mit vielen Ehrengästen und Journalisten. Einer stellte dem Weingroßhändler die bohrende Frage: »Sie haben sich zur Zeit der größten Weltwirtschaftskrise selbstständig gemacht, Ihren Betrieb aufgebaut und vergrößert. Was haben Sie für ein Erfolgssystem?«

»Sie werden mich auslachen, wenn ich es Ihnen erzähle«, antwortete der Franzose. »In den ersten Jahren hier in Amerika waren meine Englischkenntnisse so dürftig, dass ich keine Zeitung lesen konnte. Deshalb wusste ich gar nichts von der Krise.«

*Alles lebt aus der Beachtung und hört*
*durch Nichtbeachtung auf zu sein.*

Nur das, was wir beachten, hat für uns Bedeutung. Konzentrieren wir uns darum in Zukunft stärker auf unsere positiven Möglichkeiten; Krisennachrichten sollten wir keine Beachtung schenken.

Mit der folgenden Aufgabe können Sie das eben Gelesene gleich trainieren.

### Aufgabe

Werden Sie gleich aktiv, schreiben Sie fünf Antworten auf ein Blatt Papier zu der Frage:

*Das nächste Jahr wird für mich ein Jahr des Fortschritts und des Erfolgs.*

*Warum ???*

Das Wort *Warum* schreiben Sie besonders deutlich, setzen drei Fragezeichen dazu. Diese optische Betonung und die Satzzeichen aktivieren Ihr Unterbewusstsein besonders intensiv.

Als Nächstes stecken und stellen Sie ein Kärtchen in jede Tasche, in den Terminkalender und an Orte, an denen Sie arbeiten oder sich länger aufhalten. Was bewirken diese kleinen Karten?

Jedesmal, wenn Sie ein Kärtchen sehen oder berühren, regen Sie Ihr Unterbewusstsein zur Kreativität an. Sammeln Sie Ihre Einfälle auf Zetteln; gewöhnen Sie sich generell an, Ideen und wichtige Gedanken sofort schriftlich festzuhalten.

Nach 14 Tagen schreiben Sie für sich einen etwa zweiseitigen Aufsatz mit dem Thema:
*»Warum wird das nächste Jahr ein Jahr des Fortschritts und des Erfolgs für mich?«*

Bewusstsein bewirkt Schöpfung. Nicht körperliche, sondern gedankliche Mehrarbeit bringt größeren Erfolg. Die Erfolgsursache liegt in Ihren Denkprozessen und Ihren Ideen.

Viele sprechen von der Krise. Sie nicht!

Ihre Blickrichtung heißt »Die Krise als Chance!« Sie gehören zu den Menschen, die ganz gezielt nach neuen Ideen Ausschau halten. Sie gehören zu dem Kreis, der ganz bewusst nach Chancen sucht und sie deshalb auch findet.

## Grundgesetze der Lebensentfaltung: die Denkgesetze

1. Nur der Mensch hat die Kraft, bewusst zu denken, zu planen und zu gestalten. Nur er kann sich selbst und damit sein Schicksal und seine Zukunft gezielt beeinflussen.

2. Am Anfang jeder Tat steht die Idee. Nur was gedacht wurde, existiert.

3. Gedanken entwickeln sich im Unterbewusstsein. Aus dem Menschen selbst oder durch äußere Einflüsse.

4. Das Unterbewusstsein – die Baustelle des Lebens und der Arbeitsraum der Seele – hat die Tendenz, jeden Gedanken zu realisieren. Alles, was werden soll, was entstehen und was sich entfalten will, benötigt einen Anfang.

5. Aus dem kleinsten Gedankenfunken kann ein leuchtendes Feuer werden.

6. Was wachsen soll, braucht Nahrung. Die Nahrung der Gedanken ist die Konzentration.

7. Bewusste oder unbewusste Konzentration ist Verdichtung von Lebensenergie.

8. Im Streit zwischen Gefühl und Intellekt
siegt immer das Gefühl.

9. Gefühle lenken und verstärken die Konzentration
unbewusst, aber nachdrücklich.

10. Durch eine gezielte Entscheidung
kann die Aufmerksamkeit
auf jeden ausgewählten Punkt gelenkt werden.

11. Beachtung bringt Verstärkung.
Nichtbeachtung bringt Befreiung.

12. Zustimmung aktiviert Kräfte –
Ablehnung vernichtet Lebenskraft.

13. Die ständige Wiederholung einer Idee
wird erst zum Glauben – dann zur Überzeugung.
(Auch in negativer Hinsicht)

14. Glaube führt zur Tat.
Konzentration führt zum Erfolg.
Wiederholung führt zur Meisterschaft.

**Was du denkst, das wirst du.**

# Angst ist der schlechteste Ratgeber auf dem Weg in die Zukunft

Angst blockiert sogar den Weg in die Zukunft; denn ein Mensch, der seinen Weg in die Zukunft nicht vorbereitet, der unsicher ist, was auf ihn zukommt, muss sich zwangsläufig ängstigen. Die Befürchtung ist sein ständiger Begleiter, und das Beklagen ist sein Wanderstab. Ein Mensch, der nicht weiß, was er will, hat weder einen Kompass, noch ein Steuerrad. Vielleicht erkennen Sie jetzt, wie wichtig für jeden Einzelnen die Beantwortung der drei Fragen ist.

»Wer bin ich?«
»Was bin ich?«
»Und was will ich?«

Wir haben für vieles Zeit, doch der Beantwortung dieser drei Elementar-Fragen weichen wir immer wieder aus. Dabei entsteht unsere Zukunft in unserem Gehirn. Erst das Beschäftigen, das Denken, der Glaube an die Zukunft schafft die Voraussetzung für sie.

Wir sind stolz auf unsere Freiheit. Wirkliche Freiheit beginnt aber erst mit der Möglichkeit der Entscheidung. Für was aber soll sich der Mensch entscheiden, wenn er sich nicht ständig mit seiner Zukunft beschäftigt? Viele, zu viele verzichten auf diese Freiheit der Zukunfts- und damit Lebenswahl. Sie lassen ihre Zukunft von anderen bestimmen, sie gestalten und klagen dann das böse Schicksal an, wenn es nicht mit ihren Wünschen übereinstimmt. Auf dem Weg in die Zukunft sollten wir uns von der Hoffnung und der Zuversicht leiten lassen. Nur wer an die Zukunft glaubt, hat auch die Kraft für die Gegenwart. Nur der Glaube gibt uns die Kraft, mit den täglichen Schwierigkeiten fertig zu werden und über uns selbst hinauszuwachsen.

*Verliert der Mensch den Glauben an sich und seine Aufgabe, schwinden die für das Leben notwendigen Antriebskräfte.*

Ein Mensch, der seine Aufgabe kennt und daran arbeitet, für den ist die persönliche Zukunft nicht unberechenbar. Ganz im Gegenteil, er trägt seine Zukunft in sich. Er kennt den Satz der Möwe Jonathan: »Man muss schon da sein, bevor man angekommen ist.«

Wer die Kunst des Vorausdenkens beherrscht, spart Zeit und Geld und gewinnt noch mehr Freiheit. Nicht der wird eine Persönlichkeit, der eine Persönlichkeit sein will, sondern derjenige, der an seiner Aufgabe arbeitet. Um sein Ziel zu erreichen, muss er alle Fähigkeiten aktivieren, die den Menschen erst zu einer Persönlichkeit formen. Sie kennen zwar alle diese Gedanken, doch erst die Praxis macht den Meister. Ohne Leistung ist das menschliche Leben nicht denkbar. Erst aus der Leistung erwächst das Selbstwertgefühl.

Wir sollten nicht bei jeder Gelegenheit von der Selbstverwirklichung sprechen und sie einklagen – Selbstverwirklichung ist die natürlichste Sache der Welt.

Das tägliche Suggestiv-Training ist der schnellste und sicherste Weg, unser Gehirn in der Form zu trainieren, dass es ganz automatisch unsere Zukunft und unsere Aufgabe in den Mittelpunkt unseres Denkens stellt. Die Konzeption des Menschen ist ein Zukunfts-Baumeister. Er kennt seine Aufgaben und seine Verwirklichungspläne sehr genau. Er

kennt die Menschen und Materialien, die ihm bei dieser Aufgabe helfen können. Unser Motto lautet darum:
*»Wir arbeiten für die Zukunft, weil wir in ihr leben werden.«*
Wer nicht für die Zukunft lebt, wird sich eines Tages in einer Welt befinden, in der es ihm nicht mehr gefällt. Schneller als je zuvor verwandelt und entwickelt sich unsere Welt. Wir werden im eigenen Lande und zur eigenen Zeit Fremde sein, wenn wir nicht selbst mitgestalten.

Die christliche Lehre kennt drei Haupttugenden für den zukunftsoffenen Menschen: Glaube, Hoffnung und Liebe. Über Glaube und Hoffnung haben wir nachgedacht und erkennen jetzt, dass ohne Liebe alles nichts ist. Die Liebe ist die treibende Kraft. Am besten definiert man »Liebe« als die große schöpferische Energie.

# Über den positiven Umgang mit Menschen

## Versuchen Sie es mit Begeisterung und Enthusiasmus

*Wie belastbar sind Sie?*

Viele erfolgreiche Unternehmer arbeiten hart am Tag, doch wenn sie abends nach Hause kommen, kann eine Fliege an der Wand sie schon aus der Fassung bringen.

Wie belastbar sind wir?

Wie teilen wir unsere Kräfte ein?

Um in dem permanenten Spannungsfeld zu leben, ist es wichtig, in uns einen festen Kern zu besitzen, der uns hilft, mit der Belastung unseres Alltags und den Schwierigkeiten des Lebens fertig zu werden. Ein Seminar, ein Vortrag kann die Fertigkeit wieder herstellen, doch auch nach einem noch so erfolgreichen Seminar sieht die Welt nicht anders aus als sie ist. Was sich verändern kann, ist die Einstellung oder die Strategie, wie wir mit dem Leben fertig werden. Doch ein noch so gutes Seminar kann nicht das Glück auf Erden vermitteln.

Wir haben immer wieder neu zu kämpfen, uns immer wieder mit Schwierigkeiten auseinanderzusetzen. Und kaum haben wir ein Problem gelöst, wartet das nächste schon an der Ecke auf uns. Darum sollte unser Ziel sein, gerade in belastenden Situationen uns selbst, unser eigenes Ich, unsere eigene Persönlichkeit nicht zu verleugnen, sondern zu festigen. Es ist nicht unsere Aufgabe, Probleme anderer zu lösen, sondern unsere eigenen zu erkennen und zu lösen. Ich frage oft Teilnehmer in unseren Seminaren: »Was haben Sie für Probleme?«, und sie sagen: »Ich habe überhaupt keine Probleme«. Dann frage ich mich, was der Mensch eigentlich den ganzen Tag macht?

Die Problemlösung beginnt damit, dass man sich zunächst einmal zu seinen Problemen bekennt. Ein Mensch, der seine Probleme leugnet, wird niemals die Kraft, die Fähigkeit und die Intelligenz entwickeln, um seine Probleme lösen zu können.

Hier fängt es an mit der Selbsterkenntnis: »Wo stehe ich und welche Probleme habe ich zu lösen?«

Es gibt viele Untersuchungen von depressiven Personen, deren Zahl nicht geringer wird. Aus diesen Untersuchungen wollte man herausfinden, ob Depressive wirklich ein schwereres Schicksal hatten als glückliche Menschen. Ob sie wirklich nun einen Grund hatten, depressiv, traurig und pessimistisch zu sein. Sie haben ergeben, dass Depressive keineswegs unter härteren Schicksalsschlägen zu leiden hatten, sondern dass sie nur negativ auf das Schicksal reagierten. Es zeigte sich im Gegenteil, dass glückliche Menschen oft mit viel größeren Problemen und Schicksalsschlägen fertig wurden und sogar daran gewachsen sind. Ein Mensch kann an seiner Aufgabe wachsen, und darum sollte man auch jungen Menschen Freude an der Arbeit vermitteln, denn die Arbeit gibt uns erst die Chance zur Selbstverwirklichung.

Der bekannte Verhaltenforscher und Nobelpreisträger Konrad Lorenz erforschte zwei Fischreiherkolonien: Die eine Fischreiherkolonie lebte im Wohlstand, die andere Kolonie musste jeden Tag um ihre Existenz, um ihr Futter kämpfen. In der Fischreiherkolonie, die im Wohlstand lebte, wurden die Eier aus dem Nest geworfen, da herrschten Streit, Zank und Ehebruch, aber in der Gruppe, die jeden Morgen hinausfliegen musste, die die Welt und den nächsten Tag meistern musste, traten alle diese Konflikte nicht auf.

Wir stellen uns oft die Frage: »Ist der Mensch nicht schon an der Grenze seiner Belastbarkeit?« Robert Jungk war ein bekannter Futurologe, und sagte: »Herausgefordert durch die Probleme unserer Zeit, beginnt der Mensch erst jetzt, sich voll zu entfalten.« Wir sind also keineswegs am Ende der Entwicklung, sondern gemessen an den vielfältigen Möglichkeiten steht der Mensch erst am Anfang.

*Der Mensch wird erst etwas durch die Sache,*
*die er zu seiner Sache macht.*

Nehmen Sie Albert Schweitzer - sein Lambarene: Wer ist Albert Schweitzer? Nehmen Sie Louis Armstrong - seine Trompete: Wer ist Louis Armstrong? Nehmen Sie Robert Koch - seinen Tuberkelbazillus: Wer ist Robert Koch?

Probleme und Aufgaben erst geben uns die Chance, zur Entfaltung zu gelangen.

Stellen Sie sich einmal vor, wir lebten in einer Welt ohne Probleme, wofür brauchten wir dann überhaupt noch Menschen? Es wäre die beste Möglichkeit, sich wegzurationalisieren. Im Grunde leben wir im Augenblick, wenn wir die gesamte Geschichte des Universums betrachten, in einer atemberaubenden Sekunde. Wir erleben in der Geschichte des Universums den vierten großen Sprung. Der erste Sprung war die Schöpfung oder der Urknall. Der zweite große Sprung war das Leben im Wasser und der dritte große Sprung wurde das Leben auf der Erde, als die Lurche - die Fische - das Wasser verließen. Und wir haben jetzt den vierten großen Sprung: zum ersten Mal das Leben des Menschen im All, im Kosmos. Wir stehen am Anfang einer vollkommen neuen Epoche, der wir uns zu stellen haben.

Ein Mensch, der arbeitet in dem Bewusstsein, dass das, was er tut, sinnlos ist, muss sich wertlos vorkommen. Aber ein Mensch, der in dem

Bewusstsein tätig ist, dass das, was er tut, notwendig und sinnvoll ist, kommt ohne jeden Psychologen zum Selbstwertgefühl und bekommt die Kraft, auch mit Schwierigkeiten fertig zu werden.

Dagegen ist Faulheit der sicherste Weg zur Unfähigkeit. Wenn Sie eine Kuh nicht jeden Tag ganz ausmelken, dann gibt sie jeden Tag etwas weniger Milch. Wenn der Mensch seine Kräfte und Fähigkeiten, die er besitzt, nicht jeden Tag wieder aktiviert, dann wird er jeden Tag etwas unfähiger, mit der Umwelt fertig zu werden und sich in dieser Welt zu behaupten.

*Richtige Mitarbeiterführung heißt, Mitarbeiter und sich selbst erfolgreich zu machen.*

Die wichtigste Voraussetzung für eine Führungskraft ist die Fähigkeit, andere Menschen zu beeinflussen. Die Fähigkeit, zu führen und zu motivieren. Ein Auto kann man nur dann richtig fahren, eine Maschine nur dann richtig beherrschen – im positiven Sinne –, wenn man sich auskennt. In der Regel kennen wir uns mit unseren Maschinen oft gründlicher aus als mit unseren Mitarbeitern. Menschenführung setzt darum Menschenkenntnis voraus. Es setzt die Fähigkeit und das Bewusstsein voraus: »Ich will führen«. Viele junge Menschen schrecken auf, wenn sie das Wort »führen« hören, denken deshalb gleich an Manipulation. Wirkliche Menschenführung, erfolgreiche Mitarbeiterführung sollte heute heißen, seine Mitarbeiter erfolgreicher zu machen, nicht seine Mitarbeiter zu dominieren oder noch schlimmer, seine Mitarbeiter auszunutzen. Ein Mitarbeiter, der sehr erfolgreich ist, fühlt sich bestätigt, blüht auf, weil er Erfolgserlebnisse hat. Aber ein Mitarbeiter, der nicht erfolgreich ist, fühlt sich ausgenutzt, der demotiviert sich selbst und wird vielleicht zu einem Nörgler oder Querulanten.

*Wer motiviert den Motivator?*
Nur eine Flamme, die brennt, kann auch andere entzünden. Dazu gehören immer drei Dinge: der Motivator, das Motiv und die Mitarbeiter, also die zu Motivierenden.

Aber ohne großes Ziel gibt es keine Motivation. Um Menschen zu begeistern, müssen Sie erst einmal selbst ein Mensch sein, der an sich und seine Ziele glaubt. Erst dann können Sie diesen Glauben auch in anderen erzeugen. Sie können große Probleme haben; solange Sie an sich, an Ihre Unternehmungen und an Ihre Zukunft glauben, kann Ihnen im Grunde nichts passieren.

*Über die Macht der Begeisterung:*
1. *Begeisterung gibt Glauben und Überzeugung zu erkennen.*
2. *Begeisterung regt die Menschen zum Handeln an.*
3. *Begeisterung hilft Ihnen, Ihre Ziele zu erreichen.*
4. *Begeisterung verwandelt das Negative.*
5. *Begeisterung macht Sie anziehend.*
6. *Hören Sie mit Begeisterung zu.*
7. *Begeisterung nimmt einem Befehl die Härte.*
8. *Begeisterung ist der Schlüssel, der Ihnen Tür und Tor öffnet.*
9. *Begeisterung heißt, Menschen zu beeinflussen ohne zu dominieren.*
10. *Begeisterung zeigt, dass Sie Farbe bekennen.*
11. *Begeisterungsfähigkeit ist der Laserstrahl, der positive Argumente zum Leuchten bringt.*
12. *Durch Begeisterung können Sie die Gedanken und Gefühle anderer in die Richtung lenken, die Ihnen angenehm ist.*
13. *Begeisterung erweckt Begeisterung und Zuversicht.*
14. *Begeisterung zieht die Menschen an.*
15. *Begeisterung lässt keine Langeweile aufkommen.*
16. *Begeisterung ist ein Mittel, andere so weit zu bringen, dass sie Ihnen helfen wollen.*

*17. Ein begeisterter Mensch zieht keine Vergleiche.*
*18. Begeisterung verleiht Ihnen Glanz.*
*19. Begeisterung ist ein Zeichen, dass Sie kein Schattendasein führen.*
*20. Wer Menschen begeistern kann, kann auf Zwang verzichten.*

## Motivieren heißt begeistern!

Immer geht es um den Menschen. Aufbau eines Unternehmens, Erweiterung oder Konkurs – immer sind Menschen, Mitarbeiter, am Auf- oder Abbau beteiligt. Mitarbeiter-Motivation heißt eine der Hauptaufgaben jeder Führungspersönlichkeit.

Motivieren also heißt begeistern. Motivation ist die Kunst, das Leistungsniveau der Mitarbeiter anzukurbeln. Wir alle müssen täglich erkennen, dass viele Mitarbeiter unter dem Niveau ihres Könnens und ihrer Leistungsfähigkeit bleiben.

Jahrtausendelang interessierte sich der Mensch hauptsächlich für seine Umwelt. Es ist erstaunlich, dass man erst seit Anfang des 20. Jahrhunderts begann, sich mit sich selbst zu beschäftigen. Uns kommt es aber darauf an, ein praktikables System zu entwickeln, das im täglichen Leben anwendbar ist.

Überall gibt es positive und negative Strömungen, also anziehende und abstoßende Kräfte. Für diejenigen, die Veränderungen anstreben und mutig voranschreiten, gilt es, das Positive, das Aufbauende zu aktivieren.

Alles, was der Mensch tut, wird von seinem Gehirn gesteuert. Hier beginnt bereits das erste Problem. Wenn Sie einen neuen Fotoapparat bekommen, dann studieren Sie die technischen Einzelheiten genau, um das Gerät optimal bedienen zu können. Wer aber weiß schon, wie er sein Gehirn einzustellen hat, damit es Höchstleistungen vollbringen kann?

Wir wissen heute, dass der Mensch ein perfekt arbeitendes kybernetisches System ist, in dem aber fast alle Vorgänge unbewusst ablaufen. So auch die Vorgänge der Leistungssteigerung oder Leistungsminderung. Wenn wir uns zum Beispiel einen Grippevirus einfangen, aktiviert der Körper im gleichen Moment Abwehrkräfte, die uns gar nicht bewusst werden. So ein kybernetisches System funktioniert aber nicht nur im organischen Bereich, sondern auch im zwischenmenschlichen. So reagieren Ihr Partner, Ihr Mitarbeiter oder Ihre Kinder auf ganz bestimmte Ereignisse völlig unbewusst. Es ist wichtig zu erkennen, dass das menschliche Verhalten, von dem ja die Leistungsfähigkeit abhängt, nicht das Produkt einer bewussten Willenseinstellung ist, sondern die Reaktion unbewusster Vorgänge. Unser Gehirn nimmt ununterbrochen Signale und Informationen auf und reagiert automatisch, also unbewusst. Und das tagaus, tagein, ja sogar nachts im Schlaf.

Das muss man wissen, wenn man versuchen will, seine Mitarbeiter noch wirkungsvoller als bisher bewusst zu steuern.

Das Wort »unbewusst« kam bis jetzt häufig vor. Das Unbewusste oder das Unterbewusste wird in Lexika wenig aufklärend definiert. Was ist eigentlich unser Unterbewusstsein, von dem wir so stark abhängen? Was spielt sich wirklich im Innern des Menschen ab? Der große deutsche Lebenslehrer Oscar Schellbach hat einen genialen Vergleich gefunden. Er bezeichnete das Unterbewusstsein als eine Werkstatt. Zu einer Werkstatt gehören nicht nur Maschinen, sondern auch Mitarbeiter.

Jetzt kommt es darauf an, diesen wunderbaren Betrieb in unserem eigenen Kopf und in dem unserer Mitarbeiter zu steuern. Vielleicht haben Sie schon einmal ein elektrisches Klavier gesehen? In so einem Instrument befindet sich im Inneren eine Walze mit Hunderten kleinen Nägeln, die beim Spielen ablaufen und als Impulsgeber bestimmte Töne und Saiten zum Klingen bringen. So ungefähr können Sie sich auch die Arbeitsweise in unserem Unterbewusstsein vorstellen. Unendlich viele Schablonen oder Walzen laufen in uns ab. Unser Verhalten

– und das unserer Mitarbeiter – wird also gesteuert durch die in uns laufenden Programme.

Sicherlich haben auch Sie sich schon oft gefragt, wie es kommt, dass ein Mitarbeiter immer die gleichen Fehler macht und wie man ihn dazu bringen kann, diesen Fehler in Zukunft nicht mehr zu begehen. Fehler werden fast nie willentlich gemacht, sondern es laufen einfach falsche Programme in den Gehirnen ab.

Wenn wir also erkennen, dass der Mensch gesteuert wird von den Schablonen seines Unterbewusstseins, dann hat es keinen Zweck, mit einem Mitarbeiter, der etwas falsch gemacht hat, zu schimpfen. Denn durch das Hinweisen auf seine Fehler verändert man nicht seine Verhaltensmuster. Im Gegenteil. Zu starke Kritik kann dazu führen, dass das Verhalten noch verstärkt wird.

*11. Denkgesetz:*
*Beachtung bringt Verstärkung.*
*Nichtbeachtung bringt Befreiung.*

Das gilt selbstverständlich auch für negative Antriebe (Fehler) und negative Beachtung (Kritik und Geschimpfe). Ein Verhalten, das stark beachtet wird – und Tadel ist eine scharfe »Beachtung« – wird also *verstärkt*. Wenn Sie wirklich bei Ihren Mitarbeitern etwas verändern wollen, dann besteht die einzige tiefenpsychologische Möglichkeit darin, sein Programm zu verändern.

Mitarbeiter führen, motivieren und beeinflussen müsste darum im streng wissenschaftlichen Sinne die Fähigkeit beinhalten, einen Menschen umzuprogrammieren. Gelingt es Ihnen nämlich, sein Fehlprogramm zu korrigieren, dann *will* er in Zukunft nicht mehr etwas richtig machen, sondern er *muss* es aufgrund seines neuen Reizreaktionssystems.

Kritik also ist das schlechteste Mittel, um einen Menschen neu- oder umzuprogrammieren. Kritik treibt die Kritisierten immer in die Defensive. Es muss Ihnen bei positiver Menschenführung gelingen, den Mitarbeiter von innen heraus zu veranlassen, sich richtig zu verhalten.

Sicherlich haben Sie sich auch schon einmal gefragt, warum die Menschen so unterschiedlich sind. Warum ist der eine glücklich und der andere unglücklich, warum ist einer erfolgreich und ein anderer ein Versager? Die Gehirne aller Menschen sind vom Aufbau her gleich. Der Unterschied liegt allein im Inhalt, eben darin, was ein Mensch vom ersten Tag seines Lebens bis heute in sich an Informationen aufgenommen hat.

*Der Kleine Prinz* von Antoine de Saint-Exupéry, eines der schönsten Bücher über die Kunst, Menschen zu führen, sagt in einer Szene, in der er den König eines anderen Sterns begrüßt: »Bist du hier der König?« »Jawohl, ich bin hier der König.« »Wenn du König bist, dann kannst du doch befehlen ...!« »Ja, als König kann ich befehlen.« »Wenn du befehlen kannst, lieber König, dann müssen doch alle deinem Befehl gehorchen?« »Ja, das stimmt. Alle unterliegen meinem Befehl.« »Ja«, sagte der kleine Prinz, »ich sehe für mein Leben gern Sonnenaufgänge. Befiel doch jetzt der Sonne einmal aufzugehen.« Daraufhin sagte der König: »Das befehle ich der Sonne erst wieder morgen früh um 5.17 Uhr.«

# Enthusiasmus & Begeisterungsfähigkeit

Wenn du begeisterungsfähig bist,
kannst du alles schaffen.

Begeisterung ist die Hefe,
die deine Hoffnungen himmelwärts treibt.

Begeisterung ist das Blitzen in deinen Augen,
der Schwung deines Schrittes, der Griff deiner
Hand, die unwiderstehliche Willenskraft und
Energie zur Ausführung deiner Ideen.

Begeisterte sind Kämpfer. Sie haben Seelenkräfte. Sie besitzen Standfestigkeit.

Begeisterung ist die Grundlage allen Fortschritts. Mit ihr gelingen Leistungen, ohne sie höchstens Ausreden.

*Henry Ford*

# Probleme und Konflikte lösen – darunter leiden oder sogar zerbrechen?

Wahrscheinlich ist unsere Erde der einzige Stern im Universum, auf dem sich das Leben entwickelt und weiterentwickelt hat. Von Stufe zu Stufe der Evolution, obwohl es überall und auf jeder Stufe Probleme, Stolpersteine und Konflikte gegeben hat. Das Leben ist an allen Widerständen gewachsen. Die Widerstände waren, so wissen wir heute, die wichtigste Voraussetzung, um auf eine immer höhere Stufe emporzuklimmen.

Jede Generation traf auf dem Wege zur Höherentwicklung stets auf neue Probleme und Aufgaben. Davon ist auch unsere Generation nicht ausgenommen. »Machet euch die Erde untertan« war die Aufforderung an den Menschen. »Erkennt und erobert die Möglichkeiten dieser Welt« lautet es weiter. Erobern heißt, nutzvoll erkennen und weiterentwickeln, zum Nutzen der Erde und der Menschen. Viele Menschen haben heute jedoch ein gestörtes Verhältnis zum »Erfolg«. Im alten Testament sagte man zu einer Person, die keinen Erfolg hatte: »Gott hat dessen Arbeit nicht gesegnet«. Das hieß, Gott hat die Arbeit nicht anerkannt und von sich gewiesen. In vielen Religionen und Weiterlebens-Definitionen heißt es: Jeder wird einmal für das zur Rechenschaft gezogen, was er versäumt hat zu tun. Danach bemisst sich der Grad des Lebenserfolges.

In unserer Zeit flüchten viele Zeitgenossen aus der Wirklichkeit und streben nach sogenanntem innerem Reichtum. Doch wenn sie gefragt werden, was das denn sei, werden sie verlegen und erzählen viel – aber sagen wenig. Das uralte, magische Gesetz – »So wie oben, so auch unten« – offenbart doch die ganze Wahrheit von Mikrokosmos und Makrokosmos. Die Außenwelt entspricht der Innenwelt, der Mensch entspricht dem Schöpfer, und beides bedingt einander.

Innerer Reichtum müsste also dem Gesetz zufolge auch äußerlich bemerkbar sein. Das Streben nur nach äußerem Glanz ist nach diesem Gesetz wertlos und von Gott gewiss nicht gesegnet.

Oft streitet man sich um Worte, nur weil die Begriffsdefinitionen unterschiedlich sind. Deshalb möchte ich an dieser Stelle das Wort »Erfolg« nochmals von meinem Verständnis aus definieren:

Erfolg ist die Fähigkeit, Probleme zu lösen. Erfolg ist die Fähigkeit, Widerstände zu überwinden. Alles, was lebt, muss ständig Widerstände überwinden. Jede Pflanze, jeder Fisch und auch wir Menschen, die Großen wie die Kleinen, unterliegen den gleichen Gesetzen.

Auch Sie können Erfolg als die Fähigkeit definieren, Aufgaben zu lösen. Ich glaube, dass kaum jemand auf die Idee käme zu behaupten: Wir brauchen noch mehr Menschen, die Konflikte verursachen! Sie werden selbst erkennen, dass das nicht der Weg zum persönlichen Glück sein kann. Glück, das wissen wir alle, kommt aus dem Wortstamm »glücken = gelingen«. Das kann doch nur heißen, solange es gelingt, unsere Probleme zu lösen, sind wir auf dem Wege des Glückes und der Zufriedenheit. Wir sollten darum von Zeit zu Zeit einmal in den Spiegel der Selbsterkenntnis schauen, um uns zu fragen: »Bin ich ein Mensch, der Probleme macht, oder ein Mensch, dem es immer wieder gelingt, Probleme zu lösen?«

Dass Erfolg keine Sache des Zufalls ist, erklärt sich aus unserer Erfolgsformel: Sie erkennen daran auf einen Blick, dass eine Persönlichkeit, der es gelingt, die inneren und äußeren Widerstände zu überwinden, erfolgreich leben kann.

Wer also behauptet, Herkunft oder Umwelt seien schuld daran, dass er nicht erfolgreich ist, der unternimmt lediglich den traurigen Versuch, seinen mangelnden Erfolgswillen zu bemänteln. Er erklärt sich für unfähig und versucht, daraus eine Lebenseinstellung zu machen.

Erfolgreich leben heißt, auf jeder Altersstufe die Aufgaben dieser Etappe bestmöglich zu bewältigen. Nachholen geht immer auf Kosten anderer wichtiger Aufgaben. So, wie man seine Jugend nicht nachholen oder sein Rentenalter nicht vorziehen kann, so kann man die Aufgaben des jeweiligen Lebensabschnittes nicht verschieben. Solange der Glaube an das nicht beeinflussbare Schicksal verbreitet ist, unternimmt die große Masse Kreuzzüge gegen alles, was sie in ihrem Recht auf Dummheit, Aberglauben, Faulheit, Not, Elend und Arroganz stört.

Wir glauben daher nicht an ein komplett vorgefertigtes Schicksal, sondern an die Fähigkeit des Menschen zur Mitgestaltung seines Lebens. Jeder hat eine besondere Fähigkeit und Stärke mitbekommen – mindestens eine. Wer sie brach liegen lässt oder sich in Terrains versucht, die nicht seine sind, versagt sich seinem Schicksal. Denn diese »Fähigkeit« – diese »Aufgabe« und dieser »Lebensplatz der Ausübung« wurde ihm geschickt. Das ist Schicksal.

Die Freiheit des Menschen besteht darin, dass er sich nach seiner Vernunft und seinen Erkenntnissen richtet und das Erforderliche tut. Und dass er es durch den Reifeprozess des Lebens – in dem er Probleme und Aufgaben löst – immer besser tut. Bis er seine Lebensaufgabe für den Schöpfer – und damit für sich selbst – gelöst hat und vom Leben erlöst wird.

Sehr viele Menschen glauben, wenn sie nicht in diesem Beruf erfolgreich sind, werden sie es vielleicht in einem anderen sein. Die Lebensläufe zahlreicher Menschen bestätigen immer wieder dieses traurige

Wunschdenken. Die meisten setzen jedoch Erfolg mit viel Geldverdienen gleic, statt nach Erfüllung ihrer Fähigkeiten.

Erfolgreich sind wir immer dann, wenn wir in Übereinstimmung mit den Naturgesetzen handeln. Dagegen ist der Misserfolg ein deutliches Signal, dass wir bewusst oder unbewusst gegen diese Gesetze verstoßen. Die konsequente Beachtung der »Grundgesetze zur Lebensentfaltung« ist die berufliche Voraussetzung. Da unsere Erde kein Paradies ist, gibt es keinen Menschen, der hier keine Probleme oder Konflikte zu lösen hätte.

Überprüfen Sie doch einmal Ihre eigene Einstellung: »Leide ich unter meinen Problemen oder besitze ich das Erfolgswissen, um an der Lösung zu arbeiten?«

Vielleicht haben Sie sich selbst schon einmal die Frage gestellt: »Wäre die Welt vollkommen, was hätte ich dann zu tun? Wie könnte ich mich dann noch von der Masse unterscheiden?« Der Erfolgreiche weiß, Unglück und Schwierigkeiten haben ihren Sinn. Je größer die Gefahr, desto mächtiger wird der Antrieb, ihr zu entrinnen oder sie zu meistern.

Viele haben sich daran gewöhnt, bei Problemen oder Konflikten mit Ärger, Flucht, Alkohol oder Resignation zu reagieren. Der Wille zur Überwindung von Schwierigkeiten, Mängeln, Nöten und Gefahren kann überhaupt nur dann entstehen, wenn der Mensch nach der Überwindung sucht. Statt das Leben positiv und erfolgreich zu gestalten, verdrängen die meisten Menschen ihre ungelösten Probleme. Seine Probleme und Aufgaben zu kennen und zu *er*kennen, ist ein Zeichen von innerer Freiheit, von Mut und von Selbstbewusstsein. Daher sollten Sie einmal in einem dafür extra angelegten Ordner »Meine Zukunft« all Ihre Sorgen und Nöte, Probleme, Ängste und Konflikte schriftlich sichtbar machen! Die meisten Menschen finden weder die Zeit noch den Mut dazu, obwohl sie wissen, dass vor der Therapie allemal die Diagnose liegt.

Lassen Sie sich ermutigen, im Leben ein Alchimist zu werden. Ein Alchimist war im Mittelalter ein Mensch, der unedle Metalle in Gold verwandelte.

Stellen Sie sich einmal vor, Sie wären ein Mensch, der die Macht besäße, Unglück in Glück zu verwandeln.

Wäre das nicht etwas Wunderbares?

Unbewusst wussten wir schon immer, ohne Probleme gibt es keine Erfolgserlebnisse. Es ist modern geworden, über das positive Denken zu sprechen. Aber sonderbarerweise praktizieren die meisten Menschen dieses wichtige Können nicht. Meinungsumfragen ergeben, dass die Bevölkerung immer pessimistischer wird, immer sorgenvoller in die Zukunft schaut. Daher sollten wir nicht von anderen das positive Denken verlangen, sondern zuerst von uns.

Von Zeit zu Zeit ist es gut, sich an Goethes Zitat aus *Wilhelm Meisters Lehrjahre* zu erinnern: »Des Menschen größtes Verdienst bleibt es wohl, wenn er die Umstände so viel als möglich bestimmt und sich so wenig als möglich von ihnen bestimmen lässt. Das ganze Weltwesen liegt vor uns wie ein großer Steinbruch vor dem Baumeister, der aber nur dann den Namen verdient, wenn er aus den zufälligen Naturmassen ein in seinem Geiste entsprungenes Urbild mit der größten Ökonomie, Zweckmäßigkeit und Festigkeit zusammenstellt. Alles außer uns, ist nur Element. Ja, ich darf wohl sagen, auch alles an uns; aber tief in uns liegt diese schöpferische Kraft, die das zu schaffen vermag, was sein soll, und uns nicht ruhen und rasten lässt, bis wir es außer uns oder an uns auf eine oder die andere Weise dargestellt haben.«

Aus der Unfähigkeit, persönliche Probleme zu lösen, flüchten viele Menschen in die Lösung der Weltprobleme. Dabei verzweifeln sie immer mehr – und helfen weder sich noch der Welt.

Für den Meister der Lebenskunst sind Probleme nicht dazu da, um unter ihnen zu leiden, ganz im Gegenteil: Mängel, Nöte, Leiden, Gefahren und Qualen sind selten Erfolgshindernisse, sondern sogar Erfolgsbedingungen, die zu Taten und Leistungen anspornen. Zum Glück leben wir in einer Gesellschaftsordnung, in der wir durch unsere Leistungen auch unsere Erfolge selbst bestimmen können.

Sie werden deshalb den Mut finden, all Ihre Sorgen, Nöte, Probleme, Ängste und Konflikte mit ehrlicher Konzentration in Ihren Ordner »Meine Zukunft« zu schreiben. Wenn Sie sich bei dieser Arbeit beobachten, werden Sie bemerken, dass alles, was Sie aufschreiben, das heißt »sichtbar« machen, zur Helligkeit im Inneren führt.

Viele, ja fast alle Menschen möchten glücklich und erfolgreich sein, aber sie peilen alles grob über den Daumen, da sie nie gelernt haben, die Zukunft »methodisch« vorzubereiten. Denn erst dabei kann sich jeder Mensch selbst beweisen, ob er tatsächlich positiv denken und handeln kann.

Bitte nehmen Sie einen Block zur Hand. Teilen Sie die Seite in eine linke und eine rechte Spalte. In die linke Spalte schreiben Sie alles, was besser sein könnte, also alles Negative. Und jetzt beginnt die Arbeit des »positiven Alchimisten«, der die Lehre von der Herrschaft über das Negative beherrscht. Der Alchimist war ein Meister der Wandlung. Um etwas wandeln zu können, benötigte er ein Ausgangsmaterial. Auch der positive Alchimist benötigt zu seiner Wandlung eine Ausgangssituation. Sein Material, dass darauf wartet, gewandelt zu werden, sind die negativen Punkte in der linken Spalte. Sie werden bei dieser Fähigkeit eine Veränderung an sich bemerken. Sie leiden nicht länger unter Ihren Problemen oder werden von ihnen erdrückt; denn Sie besitzen den Stoff, aus dem die Träume – und die Lösungen – sind. Sie erfahren, was Schöpfung heißt. Wer wirklich einmal hungern musste, weiß, wie köstlich Essen sein kann.

Ganz methodisch gehen Sie nun daran, in der rechten Spalte einen negativen Punkt nach dem anderen in einen positiven Idealzustand umzuformulieren. Vielleicht fühlen und erleben auch Sie diese atemberaubende Situation. Probleme sind oft schon halb gelöst, wenn sie erst einmal richtig definiert sind. Neue Horizonte werden sichtbar. Sie erkennen den Silberstreifen der Zukunft. Sie erleben ganz bewusst die Möglichkeiten und die Macht, die schöpferische Macht des positiven Denkens. Ihr Denken jedoch wird nur dann zu einer magischen Kraft, wenn Sie es aufschreiben. Wenn Sie bewusst schreiben und die Lösungen so positiv wie möglich formulieren. Die Macht der Suggestion wird durch das geschriebene Ideal sichtbar. Denn durch das Schreiben wird Ihr Geist Materie. Sie werden es direkt erleben, dass Gedanken Kräfte sind, und Sie spüren, nur wer seine Ziele formulieren kann, wird sie auch erreichen. Und noch etwas sehr Wichtiges wird Ihnen klar, Sie sind kein theoretisierender Esoteriker, sondern ein Erfolgs-Praktiker. Sie handeln nicht nur zu Ihrem Vorteil, sondern auch zum Vorteil aller Menschen, die mit Ihnen in Kontakt kommen.

Trainieren Sie also bei jeder Gelegenheit, schriftlich das Negative in das positive Ideal zu verwandeln. Werden Sie ein Meister in der Kunst, das Positive Ihrer Zukunft schriftlich auszudrücken.

Ihre Zukunft wird dadurch Gestalt gewinnen. Durch das Negative im Leben findet der Mensch Ansatzpunkte für sein Wirken; sonst würde er unglücklich werden. Es ist das Kennzeichen praktischer Intelligenz, von der gegebenen Situation auszugehen und die Möglichkeiten zur Verwirklichung des Ziels ausfindig zu machen. Trüb und hoffnungslos in die Zukunft zu schauen, das kann jeder. Aber positiv auf das Leben zu reagieren, kann nur der Meister der weisen Magie. Denn der Mensch besitzt von Natur aus die Kraft und die Fähigkeit, sich selbst und die Umwelt zu verändern. Wir definieren also den Menschen als ein Wesen, welches Ideale in Wirklichkeiten umzuwandeln vermag.

Überwinden wir also das Negative und unsere Sorgen. Denn Sorgen erzeugen negative Reaktionen. Wer sich sorgt, vergisst sich zu wappnen. Wer sich sorgt, erzeugt Gefühle, die ihn deprimieren. Wer sich sorgt, lähmt Körper und Geist. Wer sich sorgt, lenkt seine Energie in negative Kanäle.

Nur der Mensch, der sich freut und begeistert ist, spürt, dass der Geist in ihm wirkt. Wir werden nach und nach die Angst vor Problemen und Konflikten verlieren. Denn wir haben inzwischen den positiven Aspekt von Problemen und Konflikten erkannt und wissen, wer seine Probleme nicht kennt, kann keine Gegenstrategie entwickeln. Wer seine Probleme nicht kennt, ist ihnen hoffnungslos ausgeliefert. Wer eine Gefahr nicht entdeckt, kann ihr nicht entgehen. Wir haben die Angst vor dem Negativen verloren; denn wir wissen: »Wenn man den Teufel beim Namen nennt, ist seine Macht schon gebrochen.«

Da wir wissen, dass der Mensch seine Zukunft gestalten kann, haben wir das Gefühl der Ohnmacht verloren. Die mächtigste Waffe im Daseinskampf, das spüren wir ganz deutlich, ist der Glaube an sich und an den Sinn seiner Ziele.

Zum Abschluss ein positives Zitat:
*»Betrachte immer die helle Seite aller Dinge – und wenn sie keine helle hat, dann reibe die dunkle, bis sie glänzt.«*

# Neun Schritte zum Lebenserfolg

1. Die Grundsätze meines Lebens
2. Woran ich glaube
3. Erfahrungen und Konsequenzen meiner Vergangenheit
4. Kann ich meinem Schicksal dankbar sein und warum?
5. Warum bin ich bedeutsam?
6. Meine Wünsche
7. Meine wichtigsten Ziele:
   in den nächsten fünf Jahren
   in den nächsten zehn Jahren
8. Meine Fähigkeiten und Stärken, die mir bei der Verwirklichung helfen können.
9. Mein nächstes Ziel

## Die Stufen unseres Bewusstseins und ihre Beeinflussbarkeit

Wie oft stellen Sie sich die Frage:
*Warum bin ich eigentlich so wie ich bin?*
*Warum habe ich mich gerade wieder so – und nicht wie geplant – verhalten?*
*Welche Mechanismen zwingen mich, so zu sein, wie ich bin.*

Und die wichtigste Frage daraus:
*Welche Möglichkeiten der Selbstkorrektur habe ich?*
*Kann der Mensch zu einem gesunden Selbstwertgefühl gelangen, wenn er sich gar nicht kennt?*

Der Schlüssel zu all diesen Antworten unseres Seins liegt nur in uns selbst. Deshalb können uns auch nur Selbstbeobachtung und Selbsterkenntnis den Weg zum eigenen Verständnis weisen. Unsichtbares sichtbar zu machen, ist jedoch nicht einfach.

Bei den nachstehenden Modellen geht es darum, die in uns ablaufenden Prozesse zu begreifen und Korrekturen zu erlernen.

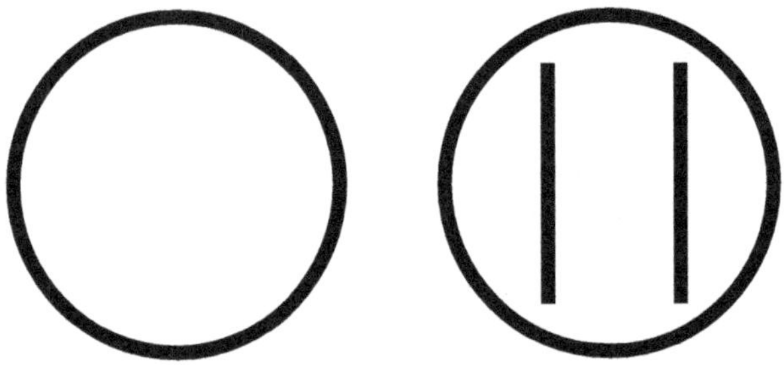

Der Kreis ist das Symbol für Harmonie und Vollendung … mit der körperlichen und seelischen Säule

Ein Mensch, der noch in Ordnung ist, wird am besten durch das Symbol des Kreises dargestellt. Der Kreis ist das Symbol für Harmonie und Vollendung. Der gesunde Mensch besteht aus zwei geraden Säulen: dem körperlichen und dem seelischen Menschen.

Solange er lebt, sind Körper und Seele eine Einheit. Erst im Augenblick des Todes tritt eine Trennung ein.

Um unser Leben glücklich zu meistern, müssen die körperlichen und seelischen Kräfte harmonisch miteinander unseren bewussten Willen unterstützen. Das zeigt deutlich, wie die körperliche und seelische Verfassung sich gegenseitig fördern oder hemmen kann.

*Leben ist ein Prozess gegenseitiger Beeinflussung.*

Der Körper beeinflusst den seelischen Menschen und der seelische Mensch – unser Unterbewusstsein – beeinflusst den Körper. Das Unterbewusstsein bestimmt also weitgehend mit, ob wir gesund oder krank sind. Lenken wir deshalb unsere Aufmerksamkeit auf den seelischen Menschen, der auch die Richtung unseres Lebens bestimmt. Das psychologische Dreieck verdeutlicht die Struktur des Bewusstseins am besten.

Das obere kleine Dreieck ist unser Ich, unser Urteils- und Kritikvermögen.

Viele Menschen glauben, dass dieses kleine Dreieck das Ganze ist. Dabei ist es nur als kleiner Teil sichtbar. Das Wesentliche ist – wie beim Eisberg – unsichtbar.

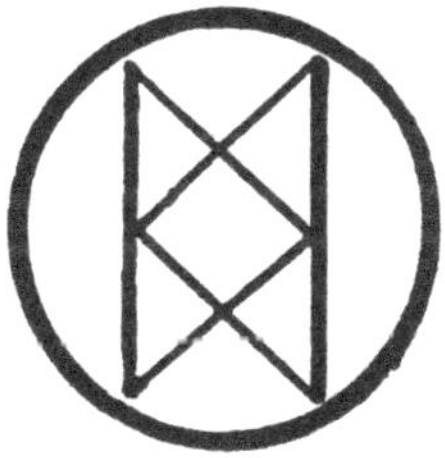

Körper und Seele beeinflussen sich gegenseitig

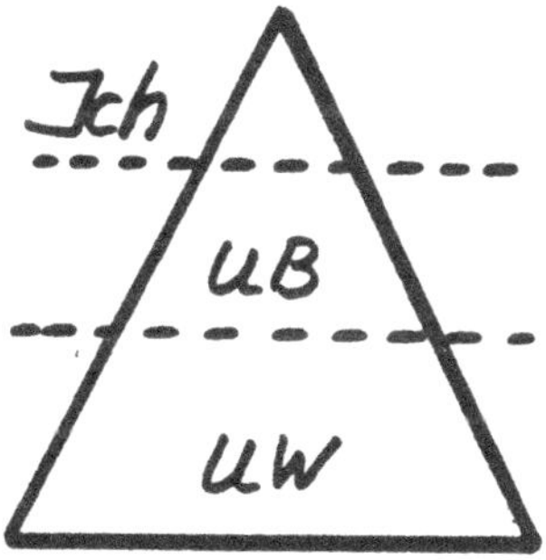


1. Dreieck: ICH – Urteils- und Kritikvermögen
2. Dreieck: Unterbewusstsein
3. Dreieck: Kollektives Unterbewusstsein

Die zweite Schicht nimmt wesentlich mehr Raum ein. Hier wird unser Leben wirklich gestaltet. Es ist unser Unterbewusstsein. Nur wenige Menschen kennen die Aufgaben und Möglichkeiten ihres Unterbewusstseins. Sie ahnen nicht einmal, wie unsere körperlichen, seelischen und geistigen Vorgänge und das Verhältnis zur Umwelt vom Unterbewusstsein gesteuert werden.

Glück und Unglück, Gesundheit und Krankheit, Klugheit und Dummheit, Harmonie und Aggression, Erfolg und Misserfolg, Hoffnung und Verzweiflung – alles wird vom Unterbewusstsein produziert und gelenkt. Unsere Körperfunktion und der komplizierte Stoffwechsel, unsere schwankenden Gefühle und Stimmungen, unsere starken Antriebe und Hemmungen, auch unsere intellektuellen Leistungen und die Kontaktfähigkeit zur Umwelt sind unterbewusste Vorgänge.

Um diesen ungeheuerlichen Prozess aktuell zu ermöglichen, sind alle Informationen unseres Lebens – von der Zeugung bis zu dieser Minute – gespeichert. Nichts hat Ihr Unterbewusstsein vergessen.

In der dritten Schicht, unter dem persönlichen Unterbewusstsein, liegt das kollektive Unterbewusstsein. Wir bezeichnen das kollektive Unterbewusstsein auch als unser Urwissen. In dieser Schicht sind – wie schon frühe Mystiker beobachteten – alle Informationen der Evolution gespeichert.

*Lernen ist ein Wiedererinnern der Seele. (Plato)*

Wir sind weiser, wissender und fähiger, als wir es ahnen und für möglich halten. Es gehört persönlich sehr viel Selbstbewusstsein dazu, seine eigene Größe zu akzeptieren.

Denn nur wenn wir diese Grunderkenntnis akzeptieren, machen wir uns auf den Weg, um uns von den negativen Fesseln der Angst und der Hemmungen zu befreien. Erst wenn wir den genialen Kern unserer Persönlichkeit begreifen, kann der Befreiungsprozess von Krankheiten, Armut, Depressionen, in die Irre geleitetem Lebensweg und Unglück beginnen.

Die Trennungslinien zwischen den verschiedenen Schichten sind gestrichelt. Das heißt, je gelöster und gelassener ein Mensch ist, umso durchlässiger und besser miteinander verbunden sind die verschiedenen Bewusstseinsbereiche. Ideen und Erkenntnisse werden frei und können dem *Ich* bewusst werden. Ist ein Mensch aber verkrampft oder gehemmt – nicht nur die Muskulatur seines Körpers –, so sind die Synapsen des Gehirns blockiert, und das Unterbewusstsein ist nicht in der Lage, auf harmonische Art genial zu reagieren und zu arbeiten. Das aber ist die Lebensbasis für jede freie Persönlichkeit.

Das Ziel heißt: Jeder ist selbst der Meister seines Lebensweges. Da unser Lebensweg vom Unterbewusstsein gesteuert wird, sind wir von den gespeicherten Informationen abhängig. Jeder ist das vorläufige Endergebnis seiner eigenen Geschichte, geprägt von seinen Erlebnissen und Erfahrungen. Unser Gesicht ist die Landkarte unserer Vergangenheit. Alle Siege und Niederlagen – alles Glück und Unglück – Gesundheit und Krankheit – Lachen und Depressionen – sind in unserem Gesicht eingraviert.

Kein Mensch kann auf Dauer verhindern, dass sein Gesicht sein wahres Wesen widerspiegelt.

Wir alle werden leider zu oft von falschen, negativen Programmen gelenkt und geleitet. Wir meistern deshalb unser Leben in dem Augenblick, wo wir selbst und nicht der Zufall unser Unterbewusstsein programmieren.

Wie sich dadurch unsere Situation langsam positiv verändern lässt, möchte ich Ihnen nun verdeutlichen.

Die Speicherkapazität unseres Gedächtnisses reichte aus, um 100 000 Jahre alt zu werden. Das heißt, alle Frühkindheits-, Kindheits-, Jugend- und Erwachseneneindrücke sind zwar programmiert, aber wieviele neue Speichermöglichkeiten sind noch vorhanden?

Darin liegt unsere Chance. An der Vergangenheit können wir nichts ändern. Unsere Zukunft schon! Ändern können wir die Programme und Motive für unsere Zukunft. Täglich empfängt unser Unterbewusstsein neue, negative Impulse, und weil wir dieses nicht vollständig unterbinden können, ist es notwendig, dass wir die Kunst der positiven Beeinflussung unseres Unterbewusstseins praktizieren. Damit sind wir bei der lebenswichtigen Bedeutung des Mentalen Trainings.

Im Zustand der Tiefenentspannung ist das Tor zum Unterbewusstsein, zu unseren Programmen weit geöffnet. Im Zustand der Entspannung ist es am leichtesten, Blockaden der Vergangenheit zu neutralisieren und neue, positive Antriebe für die Zukunft zu programmieren.Die Erkenntnisse der modernen Gehirnforschung machen deutlich, dass unser Vorhaben, in unserem Leben mitzubestimmen, kein Wunschtraum, sondern möglich und praktizierbar ist. Mehr noch kann der Mensch im Zustand der Entspannung keine Angst empfinden, und damit beginnt die große Freiheit!

Wenn negative Informationen uns zerstören können, dann können positive Informationen uns aufbauen, uns befreien, unsere Weiter- und Höherentwicklung stark beeinflussen.

Vieles, was vor Jahrzehnten noch unvorstellbar oder gar unmöglich galt, sieht heute wissenschaftlich ganz anders aus.

**Denken ist ein elektrischer Prozess.**
Wir können heute die Arbeit unseres Gehirns mithilfe des Elektro-Enzephalogramms (EEG) aufzeichnen, beobachten und studieren.

Unser Gehirn produziert je nach unserer Verfassung und Stimmung unterschiedliche Gehirnströme von 0 bis 35 Hertz. Bei 0 sind wir tot und bei 35 Hertz im Zustand höchster Erregung.

- *Im Delta-Zustand – tiefster Schlaf* - erzeugt das Gehirn eine Wellenlänge von 1 bis 4 Hertz.
- *Im Theta-Zustand – leichter Schlaf* - erzeugt das Gehirn eine Wellenlänge von 4 bis 7 Hertz.
- Bei ca. 7 Hertz liegt die Einschlafgrenze.
- *Im Alpha-Zustand – Zustand der Entspannung* – erzeugt das Gehirn eine Wellenlänge von 7 bis 14 Hertz.

- *Im Beta-Zustand – schwacher bis starker Erregungszustand* – erzeugt das Gehirn 15 bis 35 Hertz.

Je höher die Hertzzahl, desto verschlossener ist der Weg ins Unterbewusstsein. Eine erfolgreiche Beeinflussung des Unterbewusstseins ist nach diesen Erkenntnissen nur im Alpha-Zustand möglich. Sowohl für die Selbst- wie für die Fremdbeeinflussung. Deshalb kann die Qualität jedes Entspannungssystems sich daran messen, wie schnell und wie sicher sie den Übenden in den Alpha-Zustand bringt.

*Was passiert im Alpha-Zustand?*

Der Geist ist wach und bewusst, während der Körper einen Zustand äußerster Ruhe erfährt. Dieser Zustand ruhender, bewusster Wachheit wird subjektiv als »erweitert« bezeichnet. Die Gehirnwellen sind nach den EEG-Messungen in hohem Maße geordnet und synchronisiert. Die chaotischen, wechselnden Frequenzen, die für den Beta-Zustand charakteristisch sind, werden durch einige klare, einfache Frequenzen ersetzt. Die rechte und linke Hälfte des Gehirns werden sowohl in der Frequenz wie in der Phase ihrer Gehirnwellen synchronisiert. Damit weitet sich das Gehirnpotenzial.

Ordnung, Synchronisation und weitere Charakteristika deuten eine tief gehende, harmonisierende Wirkung an. Sowohl im inneren Bereich des Gehirns als auch im Bereich des bewussten Denkens und deren Wechselbeziehung.

Das synchrone Gehirnwellenmuster im Alpha-Zustand bildet die Grundlage für größere Ordnung, Kreativität und spätere konzentrierte Aktivität. Unser Mentales Training ist seit vielen Jahren der leichteste Weg, in den Alpha-Zustand zu gelangen. Die Augen sind dabei geschlossen, aber die Ohren bleiben als wichtiger Informationskanal offen und nehmen die neuen Programme und Suggestionen auf.

Die Stufen unseres Bewusstseins: das Geheimnis von Alpha

▸ *Wann sind wir hellwach?*

▸ *Wann nehmen wir etwas auf?*

▸ *Wann verarbeiten wir?*

▸ *Wann lernen wir am besten?*

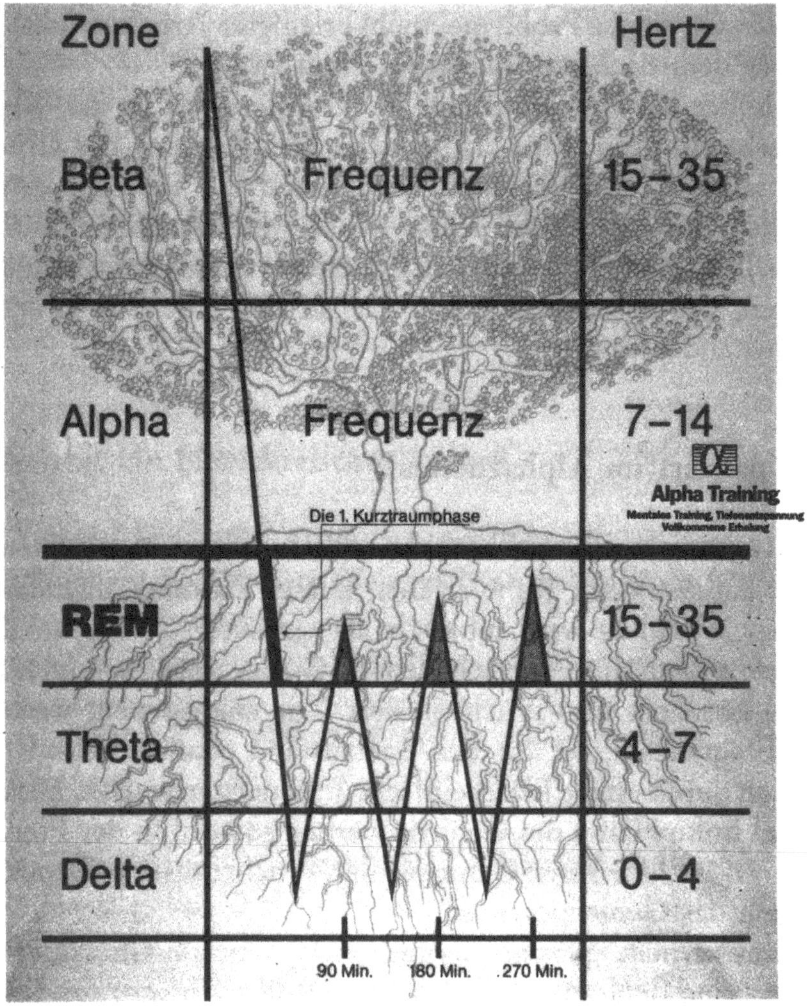

*Schon vor zweitausend Jahren erkannten indische Yogis im »Mantra« die Macht des gesprochenen Wortes.*

Alles, was unser Ohr hört, wird im Gedächtnis aufgezeichnet. Was frühere Generationen bereits wuddten, wird heute wieder durch die Technik anwendbar. Der beste Lehrmeister ist die Macht des gesprochenen Wortes. Sei es durch Audios oder Gespräche! Daher können Sie sich selbst durch die Inhalte, die Sie auswählen, beeinflussen. Sie hören und erleben eine Stimme, die das Unterbewusstsein ganz gezielt und suggestiv ansprechen kann. Je häufiger wir diese Worte hören und je suggestiver die Stimme, um so größer die Wirkung auf unser Denken, Fühlen und Handeln!

Entscheidend ist die Qualität des Ausdrucks, der Worte und der Stimme. Jede unserer Audios ist vergleichbar mit einem wirksamen Laserstrahl, der dafür sorgt, dass der Übende gestärkt wird. Die Selbststeuerung des Unterbewusstseins bleibt aufrechterhalten. Gedanken und Gefühle können kommen und gehen, und doch nimmt sich das Unterbewusstsein die wertvollsten Impulse heraus. Das genial gestaltete Gefüge unseres unbewussten Geschehens arbeitet 24 Stunden am Tag. Bei Fehlsteuerung jedoch muss und soll ein neues Verhaltensmuster einprogrammiert werden. Durch unsere Übungen wird die Grenze zwischen Bewusstsein und Unterbewusstsein nicht zerstört, sondern nur durchlässiger. Das persönliche »Ich« wird in seiner inneren Autorität gestärkt. Unser Ziel ist die Beeinflussung des unbewussten Geschehens, damit Ihr Unterbewusstsein Sie automatisch Ihren Zielen näher bringt. Durch das harmonische Ansprechen öffnet sich »Das Tor zum Unterbewusstsein«. Die persönlichkeitsstärkende Wirkung unseres Trainings tritt schon nach 21 Tagen ein. Es vergrößert sich die Kreativität und der Freiheitsspielraum des Individuums.

## Jede Wiederholung ist eine Vertiefung

*Der Teufel steckt in der Vielseitigkeit. Lernen wir, uns auf das Wesentliche zu beschränken und darin zum Meister zu werden.*

»Der Mensch ist eine Summe von Möglichkeiten«, schrieb einmal der Kölner Soziologe René König. Wir besitzen also mehr Fähigkeiten, als wir nutzen können. Das heißt: Wir leiden nicht an Überschätzung, sondern viel stärker an Unterschätzung. Wenn wir wirklich unser Leben glücklich, gesund und erfolgreich gestalten wollen, müssen wir bereit sein, Konsequenzen zu ziehen. Eine positive Lebensführung beginnt mit der Erkenntnis einer bewussten Lebensgestaltung. Ein Blick in unser Tagebuch oder in den Terminkalender zeigt uns am deutlichsten, was wir aus unseren Tagen, Wochen und Monaten, ja was wir aus unserem Leben machen.

Der überdurchschnittlich große Erfolg beginnt in dem Augenblick, wo wir bewusst – und zwar ganz bewusst – einige Dinge aus unserem Tagesverlauf streichen, damit wir für andere Dinge Zeit gewinnen. Das ist ein schwieriger, aber notwendiger Versuch, aus der eingeschliffenen Routine der Vergangenheit herauszukommen. Aber es geht, wenn wir nur wollen. Unser Ziel sollte es sein, unser Wissen und Können zu vertiefen, Abschied zu nehmen von der Oberflächlichkeit.

Wir müssen nicht alles wissen – wir müssen nicht alles können.

Wären wir auf allen Ebenen vollkommen, was bliebe für unsere Mitmenschen übrig? Wir brauchen den Mut zur Lücke. Haben wir sie gefunden, gewinnen wir auf diesem anderen Gebiet besonderes Wissen und Können. Das bringt uns die angestrebte Autorität und Anerkennung. Unser Selbstbewusstsein wächst – unsere Gesundheit stabilisiert sich.

Nur der Mensch hat die Kraft, bewusst zu denken und zu analysieren. Fleiß allein ist noch keine Garantie für Erfolg und Glück. Auch

Ameisen sind fleißig, aber sie haben keine Möglichkeit, über ihre Erfolgsaussichten nachzudenken. Wir aber können uns ganz bewusst die Frage stellen: »Was sollte ich von meinen Tätigkeiten ganz streichen oder anderen übertragen?«

Führungskräfte der Wirtschaft werden z. B. danach beurteilt, ob sie die Fähigkeit zur Delegation anwenden.

Wir gelangen nur dann zum überdurchschnittlichen Erfolg und damit auch zum überdurchschnittlichen Glück, wenn wir einige unserer Fähigkeiten steigern. Im Leben kommt es nicht darauf an, wie viele Talente ein Mensch besitzt, sondern ob und welche er entfaltet hat.

Entfaltung ohne Betätigung ist nicht möglich. Nicht bei uns, nicht bei unseren Kindern, auch nicht bei unseren Mitarbeitern. Nun wird Ihnen unsere Überschrift immer klarer: »Jede Wiederholung ist eine Vertiefung.« Sie erkennen, wie wichtig es ist, die Gesetze der Natur zu erkennen und sich nach ihnen zu richten. Alles, was lebt, untersteht dem Gesetz des Wachstums. Wir sprechen von der Wachstums-Energie oder von der Evolutionskraft, die im Universum wirkt.

Einige Menschen glauben, durch Wiederholung würde eine Sache langweilig. »Wer Großes will, muss sich zusammenraffen«, war der Rat Goethes. Und in der Bibel lesen wir: »In der Beschränkung erst, zeigt sich der Meister.« (Beschränkung hier definiert als Gegenteil der Vielseitigkeit.)

Sicher haben auch Sie schon erlebt, dass Arbeiten, die anfangs fast undurchführbar waren, durch häufige Wiederholungen leichter wurden. Etwas nur einmal oder selten zu tun, ist Zeit- und Energieverschwendung. In sieben Punkten sind die positive Wirkung der Wiederholung zusammengefasst.

*1. Erst durch Wiederholung wird Wissen verdaut und damit zum praktischen Handeln.*
*2. Das persönliche Können nimmt zu. Mit der gleichen Energie werden immer größere Mengen der gleichen Arbeit bewältigt.*
*3. Die einzelnen Abläufe werden immer besser synchronisiert.*
*4. Das Niveau unserer Leistung verbessert sich qualitativ. Wir werden sicherer und zuverlässiger.*
*5. Jede Wiederholung setzt Energien frei, die sich als Gedankenblitze äußern. Es entwickelt sich Kreativität.*
*6. Das Fingerspitzengefühl entwickelt sich. Das Unterbewusstsein arbeitet immer präziser. Das Anpassungsvermögen wächst.*
*7. Der Mensch entwickelt eine hohe Beherrschung seiner Fähigkeiten. Sicherheit und Überzeugungskraft wachsen.*

Durch die Wiederholung verdichten sich Vorgänge, Überlegungen und Handlungen. Es entwickelt sich im Unterbewusstsein das schöpferische Neudenken. Viele glauben, dass mangelnde Kreativität eine Charakterveranlagung sei. Sie resultiert meist aus Verzettelung und Oberflächlichkeit.

Was auf sportlichem und künstlerischem Gebiet möglich ist, ist auch auf den beruflichen Sektor zu übertragen.

Das Wissen muss sich zu Antrieben im Unterbewusstsein verdichten, erst dadurch werden wir unbewusst positiv gesteuert. Genauso ist es auch mit dem Üben. Es ist nicht nur wichtig, die Programmierungs- und Meditationstechniken zu kennen, sie müssen auch regelmäßig praktiziert werden.

Jede Wiederholung bringt Vertiefung!

Nur wer ständig wiederholt, löscht negative Prägungen im Unterbewusstsein aus.

Nur wer ständig wiederholt, lernt Probleme zu lösen. Er wird automatisch und leicht seine großen Ziele erreichen und über sich selbst hinauswachsen. Das Lesen einer Speisekarte genügt auch nicht, um satt zu werden. Aus diesem Grunde sollten Sie ständig und regelmäßig positive Wachstumsreize setzen. Erst dann können Sie ganz und gar dem Gesetz der Natur vertrauen, das für Sie arbeitet.

Es war ein großer Fehler vieler westlicher Wissenschaftler, den Verstand überzubewerten, die Folge war, dass das Unterbewusstsein »unterbewertet« wurde. Viele Erziehungswissenschaftler glauben noch heute, dass der Mensch durch Drill, durch Automationstraining und durch Wiederholung gehemmt und engstirnig wird. Genau das Gegenteil ist richtig.

Erst durch die automatische Beherrschung der Grundvorgänge wird Energie frei, um über sich hinauszuwachsen.

Durch ständige Wiederholung werden Widerstände abgebaut, wird vorher Unvorstellbares vorstellbar. Unmögliches wird möglich, und Unglaubliches wird selbstverständlich.

## Ich will - Ich kann - Ich werde

**Überall im Universum wirkt die Schöpfungsenergie.**
**Eine Kraft, die alles drängt, sich ständig weiter**
**und höher zu »entwickeln«.**
**Dieser Wille zur »Entfaltung« ist das Wesentliche der Welt.**

Der Lauf der Sterne, das Leben aller Wesen und alle Erscheinungen sind der sichtbare Spiegel dieses schöpferischen Urwillens. »Überall, wo wir diesem Willen begegnen, wird auch das Leben sein«, erkannte Schopenhauer. Alles Leben ist tätiger Wille.

Jeder Willensimpuls ist die Äußerung dieser Lebenskraft, die in uns allen wirksam ist. Bewusst kann aber diese Willenskraft nur dann wirken, wenn der Mensch weiß, was er will. Darum weiß jeder positiv denkende Mensch »Mein Wille ist meine unversiegbare Kraftquelle, und jeder bewusste Willensimpuls ist ein ›Es werde‹ für das, was ich will!«

Von dieser Grundüberzeugung sollten Sie felsenfest überzeugt sein! Es stehen also jedem Menschen mehr Energien zur Verfügung, als er nutzen kann. Und darum ist für uns die Beantwortung der Frage: »Für welche Zwecke will ich diese Energie nutzen?« so wichtig.

Kein Mensch ist je zu alt und zu schwach, um Großes und Wunderbares zu vollbringen. Die einzige Voraussetzung ist, die vorhandenen Kräfte zu konzentrieren und bewusst zu lenken.

Wir leben in einer interessanten Welt, die uns unendlich viele Möglichkeiten bietet. Aber gerade aus dieser Vielfältigkeit entsteht die Oberflächlichkeit und die Zerstreuung. Am liebsten wäre der Mensch ein Gott - allwissend und zugleich allgegenwärtig. Leider sind nur wenige Menschen zu der Einsicht fähig, dass sich in der Begrenzung der Meister zeigt, der wirklich Großes will.

*Der Unterschied zwischen Wissen und Weisheit.*
Wir wissen heute viel von vielen Dingen, wirkliches Verstehen beginnt jedoch erst dann, wenn wir die inneren Zusammenhänge verstehen: »Zu wissen, was die Welt im Innersten zusammenhält«, wie in Goethes *Faust* zu lesen ist. Wer seine Lebenszeit im Sinne der Schöpfung »mitschöpferisch« nutzen will, muss wirken, muss etwas bewirken. Man sollte also das Leben und die Mitmenschen nicht nur beobachten, sondern aktiv an der Höher- und Weiterentwicklung der Welt mitarbeiten.

Darum sollte jeder bewusst-lebende und denkende Mensch sagen: »Ich will«. Denn es leben nur die Schaffenden. Sollten Sie diese Erkenntnis bejahen können, ist es sinnvoll, über folgende Fragen zu meditieren:

*»Wo kann ich meine Energien am wirksamsten einsetzen?«*
*»Wo liegen meine Schwächen?«*

*»Was liegt mir überhaupt nicht?«*
*»Was tue ich nur mit dem größten Widerwillen?«*

Sie sollten sich aber auch in dieser Meditation die folgenden Fragen vorlegen:

*»Was geht bei mir von selbst?«*
*»Was kann ich besonders gut?«*
*»Was kann ich am besten?«*
*»Auf welchen Gebieten liegen meine größten Erfolge?«*

Sie erkennen das Ziel: dem eigenen Leben einen Sinn zu geben, im Einklang mit unseren Talenten.

Das Gleichnis vom Schwan auf dem Schloßteich – wenn wir uns einmal in dieses Bild hinein vertiefen, erkennen wir Ruhe, Harmonie und majestätisches Verhalten. Wir sind fasziniert von dem erhabenen Gleiten durch das Wasser. Aber sobald der Schwan sein Element – das Wasser – verlässt, wirkt er linkisch und unbeholfen. Kommt er zurück ins Wasser, stellt sich die Schönheit und Harmonie sofort wieder ein.

Darum sollten Sie sich immer wieder die Frage stellen:

»Bin ich der watschelnde Schwan auf der Wiese, oder bewege ich mich elegant und majestätisch in meinem Element?«

Nach diesem Absatz sollten Sie das Lesen unterbrechen, damit diese Erkenntnis die tieferen Schichten Ihres Unterbewusstseins aktiviert. Schließen Sie doch einmal die Augen und beruhigen Sie Ihren Atem. Nun zählen Sie langsam rückwärts – von 5 bis 0 – und lassen Ihr ganzes Leben gedanklich Revue passieren.

Fragen Sie sich bei den vorbeiziehenden Gedanken-Bildern.

»Wann und wo war ich der Schwan in meinem Element?«

Erfolg ist für uns eine Verpflichtung! Erfolgreich sind wir nicht, wenn es uns gelingt, andere auszunützen, sondern nur dann, wenn unser Erfolg auch anderen Nutzen bringt.

*Wer also auf die Entfaltung seiner Fähigkeiten verzichtet, versündigt sich gegen die Gemeinschaft und wird früher oder später trotz seines großen Ehrgeizes scheitern.*

*»Wann und wo ist es mir schon in der Vergangenheit gelungen, anderen Nutzen zu bieten – und wie groß war dieser Nutzen?«*

Wer sein Leben in dem Bewusstsein führt, nicht nur ein guter Mensch zu sein, sondern auch für wertvolle Ziele zu arbeiten, erhält als Dank ein starkes, gefestigtes Selbstbewusstsein und wird damit unabhängig von oberflächlichen Komplimenten und Bestätigungen durch andere.

Darum sollten Sie nicht nur darüber nachdenken, sondern sich verbindlich festlegen, auf welchem Gebiet und auf welche Weise Sie anderen nutzen wollen. Auch hier - wie überall im Kosmos - liegt das Verderben in der Vielseitigkeit.

Lernen Sie sich zu beschränken und zu konzentrieren. Kommen Sie in sich selbst zur Einheit. Nur damit können Sie Ihren Plan verwirklichen und werden auch für andere zu einer kompetenten Persönlichkeit.

Jedes Talent entfaltet sich nur durch Betätigung. Je mehr Sie Ihre Talente nutzen, um so mehr blüht Ihre gesamte Persönlichkeit auf.

Es gibt keinen untalentierten Menschen. Aber es gibt viele Menschen, die zu bequem sind, ihre Talente zu entfalten.

*Die Voraussetzungen für Spitzenleistungen:*

1. Der Wunsch, überhaupt etwas Besonderes leisten zu wollen.
2. Die Talent-Analyse und das Erkennen von Begabungsreserven.
3. Die Entscheidung, was man verstärken will. Die Konzentration auf ein Ziel.

4. Trainieren – üben – wiederholen; denn jedes Talent entfaltet sich nur durch Betätigung.
5. Die vollkommene Präsentation Ihres Könnens.

Stellen Sie sich also – auf dem Wege zur Spitzenleistung – die Frage: »Welche der fünf Punkte erfülle ich bereits, an welchen muss ich noch arbeiten?«

Viele Menschen haben nicht nur Angst vor dem Erfolg, sondern glauben sogar, sie hätten kein Recht auf Erfolg und Entfaltung.

Sie haben sogar ein schlechtes Gewissen, wenn es ihnen gut geht und vieles gelingt. Es gibt sogar Menschen, die sich durch Misserfolge selbst bestrafen. Das Gleiche betrifft den Ehrgeiz. Natürlich gibt es eine rücksichtslose Möglichkeit der Selbstverwirklichung. Aber das ist weder der ideale noch der positive, noch der erfolgreiche Weg. Es ist der Weg des Egozentrikers.

## Ich will – Ich kann – Ich werde

Wenn ein Arzt den Ehrgeiz entfaltet: »Ich möchte ein sehr guter Arzt werden«, wird jeder Patient davon profitieren!

Wenn eine Mutter den Ehrgeiz entwickelt: »Ich möchte eine sehr gute Erzieherin und Mutter sein«, so wird jedes Kind von diesem Ehrgeiz profitieren.

Wenn eine Sekretärin den Wunsch hat, eine ausgezeichnete Mitarbeiterin zu sein, wird jeder im Betrieb und jeder Kunde davon profitieren.

Wenn ein Lehrer den Ehrgeiz entwickelt, ein sehr guter Pädagoge zu sein, werden mehrere Generationen von Kindern davon profitieren können.

Lassen wir also bei unserem Streben das gute Gewissen zu. Lernen wir, unsere Erfolge zu genießen; denn Erfolg ist ein Naturgesetz.

*Raus aus dem begrenzten Denken*

Zehn Schritte vor, zehn zurück, zehn Schritte vor, zehn zurück ... Mehr als zehn Schritte erlaubte die Größe des Käfigs dem Bären nicht. Doch eines Tages erhielt er ein neues Zuhause, das so weit wie nur irgend möglich seiner natürlichen Heimat angepasst war: Da gab es Bäume, Bäche – ein weitläufiges Gelände. Man schläferte den Bären ein, um ihn aus seinem engen Käfig in sein neues Gehege zu verfrachten. Wieder aufgewacht, räkelte sich der Bär und begann, seine Umgebung zu erkunden. Vorsichtig setzte er einen Schritt vor den anderen ... acht, neun, zehn. Dann kehrte er um und machte ... acht, neun, zehn Schritte. Am Leben des Bären hatte sich nichts geändert – seine »Welt« bestand nach wie vor aus zehn Schritten vor und zehn Schritten zurück. Er erwartete nicht mehr »Spielraum«.

Auch wir erwarten oft zu wenig und finden uns mit zu eng gesteckten Grenzen ab, weil wir unsere wirklichen Möglichkeiten nicht kennen.

*Frei von Sorgen –*
*Frei von Krankheiten –*
*Frei von Armut –*
*Frei von Minderwertigkeitskomplexen*

Sie erkennen, dass die Arbeit an sich selbst die Kräfte zur Selbstbefreiung aktiviert. Wer wirklich frei von seinen Ängsten werden will, braucht ein erstrebenswertes Ziel.

Jeder Mensch sollte sich als Millionär seines inneren Vermögens fühlen. Nicht der Intelligenzquotient ist für das Leben entscheidend, sondern die Überzeugung »Auf mich selbst kommt es an«.

Wir leben in einer Zeit der rasanten technischen Entwicklung und der Wissensexplosion. Diese Entwicklung führt bei vielen Menschen zu Hektik und Verunsicherung.

Wenn es uns nicht gelingt, uns trotz des schnellen Wachstums und der Leistungsanforderungen zu sammeln und auf das Wesentliche zu konzentrieren, ganz gleich was es ist, gehen wir unter. Aufmerksamkeit auf einen Punkt ist die Voraussetzung aller Erfolge.

*»Ich jage niemals zwei Hasen auf einmal« – Bismarck*

Nicht alles, was interessant ist, ist auch sinnvoll und wertvoll. Darum versuchen Sie ganz genau herauszufinden, was Sie wirklich wollen und was Ihre Lebensaufgabe ist. Haben Sie den Mut, sich festzulegen. Erst durch einen solchen Entschluss erfahren Sie die Möglichkeiten Ihres Geistes, Ihres Unterbewusstseins, Ihrer Mitmenschen und Ihrer Zeit.

Erst wenn *ich* weiß, was ich will, kann ich Schwierigkeiten, Nöte und Gefahren überwinden, die notwendige Zeichen auf dem Wege sind.

Wenn der »Ich werde«-Satz Ihr Leben bestimmt, dann sind Sie auf dem Wege zu Ihren Zielen.

*Ziehen wir die notwendigen Konsequenzen mit Freude:*

1. *Ich weiß, was ich will!*
   Ich weiß um die Kräfte im Menschen.
2. *Ich weiß, dass ich es kann!*
   Ich kenne meine Intelligenz- und Begabungsreserven.
3. *Ich werde meinem Leben Sinn und Inhalt geben.*
   Ich werde meine Zeit nutzen und Freunde finden, die mich auf meinem Wege unterstützen.

Große Ziele wecken große Kräfte und aktivieren den inneren und den äußeren Menschen. Welch eine Sympathie geht doch von einem Menschen aus, von dem man sagt: »Er weiß, was er will!« Darum sollte auch Ihr Motto lauten:
*Ich will – Ich kann – Ich werde!*

## Die Evolution des Denkens

*Der Beginn*

Ich möchte versuchen, in kurzen Worten die Gedanken des französchen Philosphen und Jesuiten Teilhard de Chardins darzustellen:

Die Evolution des Kosmos, die sich im langsamen Aufstieg vom Mineral zur Pflanze, von da zum Tier und vom Tier zum Menschen vollzog, fand keinen Grund, auf diesem Wege je innezuhalten.

Die Menschheit ist in diesem Lebensentwicklungsprozess noch sehr jung; sie existiert erst seit ca. 300 000 Jahren, während das Leben vor mehr als drei Milliarden Jahren auf der Erde begann. Die Erde war zu dieser Zeit bereits eine Milliarde Jahre alt. Die Menschheit befindet sich also erst in einem embryonalen Zustand.

Die Bewegung des Lebens hat nie stillgestanden, sondern sich permanent weiterentwickelt, obwohl alle Lebewesen zu ihrer Zeit jeweils voll lebensfähig waren. Die Evolution des Menschen bewegt sich im Wachsen des Geistes und des Bewusstseins.

Im Universum arbeiten zwei gegensätzliche Strömungen. Das ist die *Entropie* (das sind, physikalisch gesehen, abgeschlossene, konstante Systeme, die sich nicht mehr verändern) und die *Ektropie* (das sind die offenen, nach außen gekehrten Systeme, die nie abgeschlossen oder konstant sind, sondern sich immer weiterentwickeln). Die *Entropie*-Strömung, welche die materiellen Energien lenkt, hat die Tendenz, allmählich alles gleich zu machen, alles dem wahrscheinlich zu erwartenden Ende, der Stagnation zuzuführen. Die Physiker nennen diese Strömungen: »Das Zunehmen der Entropie.«

Die andere Strömung, die *Ektropie* ,lässt – wie zur Kompensation – den Geist im Universum immer konzentrierter, immer stärker wachsen.

Im Laufe der Jahrtausende sind die Lebewesen differenzierter geworden, ebenso ihr Organismus. Das zunächst nur scheinbar vorhandene Bewusstsein steigerte sich fortwährend, voraussehbar zu unwahrscheinlichen Fähigkeiten. Und damit zu immer größeren Freiheiten. Denn geistige Freiheit ist Evolution.

Vom Einzeller bis zum Menschen nahm das energieleitende und steuernde Nervensystem an Umfang und Empfindsamkeit zu, wie die schöpferischen Möglichkeiten und unerwarteten Fähigkeiten. In einer langsamen kosmischen Bewegung entwickelte sich das Bewusstsein konstant. Ein mögliches Ziel ist, dass ein Ganzes entsteht, in dem alle Einzelelemente ihre immer fester werdende Zusammengehörigkeit und ihre Abhängigkeit empfinden. Wir bemerken doch heute sehr stark das Ringen um die Geburt einer neuen Menschheit, die einer Bestimmung entgegengeht, und zwar sehr bewusst und sehr vergeistigt. Zum ersten Mal in der Geschichte des Kosmos ist der Mensch sich als Objekt der Mutation selbst bewusst. Was mit ihm geschieht und welche Anforderung an ihn gestellt ist, um seine Zukunft zu tragen.

Der Mensch ist an dem Tage geboren, da er von der Stufe des Tieres emporgehoben wurde, und er wusste, dass er »weiß«. Heute ist das zunehmende Bewusstsein stark genug, dass der Mensch weiß, dass er handeln kann. Er weiß, dass er handeln muss. Er weiß, dass alles, was er tun wird, von ungeheurer Bedeutung sein wird. Aber er weiß noch nicht, was er tun und wie er handeln soll! Er ist genötigt, der Erfinder seiner eigenen Evolution zu sein.

Sie erkennen an diesem Evolutionsstand deutlich, dass der Mensch noch nicht im Geringsten an seine Grenzen stößt. Professor Lange-Prollius hat es treffend mit einem Buchtitel formuliert: »Die Schöpfung geht weiter.« Ektropie und Entropie ringen auch in jedem Menschen weiter. Schon vor achtzig Jahren sagte Oscar Schellbach:

*»Nicht zur Zerstörung der Schöpfung, zur weiteren Vervollkommnung sind wir geboren. Mühe sich daher jeder durch planmäßige Ausnutzung von Zeit und Kraft, um das hohe Werk zu vollenden.«*

Der erste und entscheidende Schritt ist die Aktivierung unseres Bewusstseins. Wir müssen erwachen. Wir müssen aufwachen, müssen wirklich Mensch werden, um Mensch zu sein.

Wir müssen zum Bewusstsein unseres Selbst gelangen, zum Bewusstsein unserer Lebensaufgabe. Erst dann können wir unser Leben in den Dimensionen von Raum und Zeit begreifen und gestalten.

*Jeder Mensch braucht Zukunft. Gäbe es keine Zukunft, wäre es das Ende der Evolution.*

Das gesamte Universum würde in einem erneuten Urknall in sich zusammenfallen. Die Angst vor der Zukunft ist im Grunde die Angst vor der neuen Rolle des Menschen. Es ist die Angst vor der Verantwortung für diese Zukunft. Wir können der Angst aber nicht entfliehen, indem wir unser Bewusstsein ausschalten, um wieder auf der Stufe des Unbewussten zu leben.

Leben heißt, »sich seinen Aufgaben bewusst zu stellen«. Es ist die Aufgabe des Menschen, die Kräfte der *Ektropie* – der Entfaltung in seinem Leben – Ausdruck zu verschaffen. Der Sinn unseres Daseins liegt im Handeln. Nichts tun löst nicht nur Unruhe aus, sondern bewirkt auch ein schlechtes Gewissen. Wirklich leben tun nur die Schaffenden.

Unser persönliches Leben bietet uns jeden Tag die Chance, an unserer Aufgabe zu arbeiten, um dadurch unserem Dasein Wert und Sinn zu geben.

Aus diesem Grunde sollte das *1. Denkgesetz* immer vor unserem geistigen Auge stehen.

*Nur der Mensch hat die Kraft, bewusst zu denken, zu planen und zu gestalten. Nur er kann sich selbst und damit sein Schicksal und seine Zukunft gezielt beeinflussen.*

Da der Mensch Angst vor der Zukunft hat, träumt er seit Ur-Zeiten von der Gabe des Vorhersehens. Es mag Menschen geben, die einen Blick hinter den Schleier der Zukunft werfen dürfen. Wie ausgebildet diese Fähigkeit auch sein mag, sie nimmt keinem Menschen die Angst und die Verantwortung für die Zukunft.

Um unserer Aufgabe gerecht zu werden, müssen wir auf der Stufe unserer Evolution lernen, mit unserem Gehirn richtig umzugehen. Oder um es anders auszudrücken, unser Ich muss lernen, das Gehirn bewusst zu steuern.

Unser Gehirn kann nachdenken, und es kann im Kreis denken. Wir sollten uns in der Kunst des »Vorausdenkens« trainieren.

Unsere moderne Massengesellschaft hat die schöpferischen Fähigkeiten, die in jedem Menschen ruhen, bei den meisten verkümmern lassen. Deshalb müssen wir unsere wichtigsten Fähigkeiten wieder entdecken und weiterentwickeln.

Nur Menschen mit dieser Voraussetzung und Erkenntnis bejahen die Zukunft mit ihren Gefahren und Chancen und erkennen in ihr die Herausforderung und Entwicklung.

Manche Psychotherapien haben einen ausschließlichen Blick auf das Vergangene und vergessen darüber die Bedeutung der Zukunft. Je bewusster wir jedoch in der Gegenwart leben, desto besser sind wir für den weiteren Lebensweg gewappnet, und desto weniger brauchen wir schwarze Vergangenheitsbilder zu bewältigen.

# Die Philosophie der Erfolgreichen

**Den erfolgreichen Menschen erkennt man**
**auf den ersten Blick.**
**Man sieht, dass etwas in ihm steckt,**
**und man spürt, dass er eine schöpferische Kraft**
**in sich trägt.**
**Er hat einen offenen Blick;**
**schon nach den ersten Worten bemerkt man,**
**dass man ihm gute Leistungen zutrauen kann.**
**Der erfolgreiche Mensch gehört zu den**
**Menschen, die früher oder später mit**
**beständiger Sicherheit an die Spitze kommen.**
**Ein bestimmter Geist zeichnet ihn aus.**
**Es ist der Geist der Initiative, des Mutes**
**und der Arbeitsfreude.**
**Der erfolgreiche Mensch hat eine nur ihm**
**zukommende Lebensanschauung.**
**Er glaubt nicht an Intrigen und Lügen.**
**Er glaubt nicht an den Zufall.**
**Er wartet nicht auf bessere Zeiten.**
**Er weiß, das alles sind nur Ausreden.**
**Dagegen glaubt der Tüchtige**
**an die Wirksamkeit seiner Leistung.**
**Er glaubt daran, dass er sich**
**selbst anstrengen muss.**
**Er vertraut seiner Fähigkeit, auch Durststrecken**
**durchstehen zu können.**
**Er glaubt vor allem an die treibende Kraft,**
**die von großen Zielen ausgeht.**

# Die Kunst zu überzeugen – eine lebenswichtige Fähigkeit

Wir alle mussten oft erfahren, wie schmerzlich es ist, wenn man die Wahrheit sagt: Man vertraute uns nicht, wir hatten recht, doch man glaubte uns nicht; wir hatten eine großartige Idee, aber wir konnten andere nicht davon überzeugen; wir machten gute Erfahrungen mit einem Produkt, einer Dienstleistung, einem Buch, einer Methode, einem Lehrgang, einer Reise, aber andere blieben skeptisch. Eine wohlmeinende Absicht, eine gute Idee allein genügen nicht, wie Sie sehen, um andere zu gewinnen. Was uns fehlt, ist eine lebenswichtige Fähigkeit:
*Die Kunst des Überzeugens*

Zur Entfaltung dieser Kunst schlage ich Ihnen ein kleines Entwicklungsprogramm vor. Lesen Sie bitte immer wieder die Seiten 24 und 25 durch, um die Denkgesetze zu verstehen. Beginnen Sie mit dem 1. und 2. Denkgesetz:

- *1. Denkgesetz: Nur der Mensch hat die Kraft, bewusst zu denken, zu planen und zu gestalten. Nur er kann sich selbst und damit sein Schicksal und seine Zukunft gezielt beeinflussen.*
- *2. Denkgesetz: Am Anfang jeder Tat steht die Idee. Nur was gedacht wurde, existiert.*

Machen Sie sich hierzu bitte bewusst, wie wichtig die Fähigkeit ist, andere zu überzeugen. Nehmen Sie den Stift und suchen sie Zehn Gründe, warum die Kunst zu überzeugen gerade für Sie so wesentlich ist. Aber bitte schriftlich!

Fahren Sie fort mit dem
*11. Denkgesetz: Beachtung bringt Verstärkung. Nichtbeachtung bringt Befreiung.*

Lassen Sie sich einige Tage Zeit. Ihr Unterbewusstsein hat jetzt einen klaren Arbeitsauftrag und wird sich intensiv mit der Suche nach Gründen beschäftigen. Lesen Sie Ihre Liste ab und zu durch und erweitern Sie sie immer mehr. Eine Flut von kleinen und großen Gründen wird Ihnen einfallen und so langsam die Erkenntnis und damit den Entschluss reifen lassen: Die Kunst, andere zu überzeugen, ist eine meiner allerwichtigsten Fähigkeiten. Erst dann beginnen Sie mit der zweiten Aufgabe.

Schreiben Sie die Namen von mindestens zehn Personen auf, die Ihrer Meinung nach Meister sind in der Kunst des Überzeugens. Das können Persönlichkeiten aus Politik, Wirtschaft, Kunst, Geschichte, Theater oder Wissenschaft oder aus Ihrem persönlichen Bekanntenkreis sein. Notieren Sie zu jeder Persönlichkeit auch eine kurze Begründung. Notieren Sie, *warum* jemand so erfolgreich ist. Das lässt Ihre Erkenntnisfähigkeit enorm wachsen.

*3. Denkgesetz: Gedanken entwickeln sich im Unterbewusstsein. Aus dem Menschen selbst oder durch äußere Einflüsse.*

Haben Sie immer Notizpapier bei sich. Eine Fülle von Ideen und Begründungen werden Ihnen klar werden. Es ist aber wichtig, diese sofort zu notieren, da der Alltag sonst Ihre Gedanken verschluckt. Also nicht mehr warten – *sofort* beginnen!

Es ist absolut zu wenig, die Gesetze des Denkens nur zu studieren. Machen Sie sich die kleine Mühe, sie auswendig zu lernen. Denn nur so stehen sie Ihnen immer bewusst und vor allem *unbewusst*, das heißt gefühlsmäßig, zur Verfügung. Die Denkgesetze werden somit zu Bausteinen, mit denen Ihr Unterbewusstsein die Kunst des Überzeugens für Sie aufbaut.

*Praxis ist alles!*

Nur durch das Praktizieren gelangt der Mensch vom theoretischen Wissen zur Erkenntnis und zur lebendigen Erfahrung. Die Denkgesetze zeigen uns den Weg, aus unserem Leben das Beste zu machen. Darum also üben und trainieren! Der Alltag ist unser Trainingsfeld. Doch weiter in unserem Entfaltungsprogramm: Durch die zwei ersten Übungen wurde Ihnen bewusst:

1. wie wichtig die Kunst des Überzeugens ist,
2. wer ein Meister darin ist.

Dadurch wuchs in Ihnen der Wunsch, es auch zur Meisterschaft zu bringen.

*Bewusstsein*
*bewirkt*
*Schöpfung!*

Bevor wir nun einen Schritt weitergehen, lesen Sie sich die Ergebnisse der 1. und 2. Aufgabe noch einmal durch. Dabei fällt Ihnen noch etwas Neues dazu ein, das Sie auch sofort notieren. Diese Übungen haben einen tiefenpsychologischen Hintergrund. Dazu eine kleine Geschichte: Als junger Mann hielt Goethe eine Ansprache anlässlich des Geburtstages von Shakespeare, in der er unter anderem sagte: *Eigenschaften und Fähigkeiten, die wir an anderen Menschen erkennen, davon tragen wir den Stempel in uns selbst.* Lesen Sie laut die folgenden Gesetze vor:

*6. Denkgesetz: Was wachsen soll, braucht Nahrung. Die Nahrung der Gedanken ist die Konzentration.*

*7. Denkgesetz: Bewusste oder unbewusste Konzentration ist Verdichtung von Lebensenergie.*
*9. Denkgesetz: Gefühle lenken und verstärken die Konzentration unbewusst, aber nachdrücklich.*
*10. Denkgesetz: Durch eine gezielte Entscheidung kann die Aufmerksamkeit auf jeden ausgewählten Punkt gelenkt werden.*

Überzeugen heißt beeinflussen!

Beeinflussen kann man aber nur jemanden, der bereit ist, etwas in sich »einfließen« zu lassen, der sich öffnet, der zuhört, der aufmerksam ist. Deshalb ist die Aggression der größte Feind der Überzeugungskunst. Aggression verschließt und verhärtet. Jede Aggressivität ist daher unbedingt auszuschalten. Kein Erfolg ist möglich ohne die Hilfe der anderen. Dazu aber brauchen wir Achtung, Vertrauen, oft auch Zuneigung. Wenn Sie überzeugen wollen, muss man Sie als sympathischen und liebenswürdigen Menschen schätzen.

Es ist nur möglich, Menschen zu führen, wenn man weiß, was in Menschen vorgeht, und wenn man weiß, wie notwendig es ist, ganz bestimmte Inhalte zu verändern. Immer wieder spricht man von der modernen Menschenführung, von Suggestivtechnik. Suggestion ist »Eingebung«, willkürliche geistige Beeinflussung der Gefühle, Vorstellungen und Willensabläufe eines anderen. Jeder Mensch ist suggestibel, das heißt, der Suggestion zugänglich.

Eine Suggestion ist eine zweifelsfreie Behauptung. Also nicht ein entschiedenes »Vielleicht« oder »Wahrscheinlich«, sondern ein »Sich-fest-Legen«. Nach Rhetorikkursen für Fortgeschrittene berichten Teilnehmer oft, dass sie, seitdem sie sich bemühen, präziser und suggestiver zu sprechen, weniger Rückfragen haben als zuvor. Denn immer wieder, wenn etwas schiefgegangen ist, hören Sie den Satz »Ich habe mir gedacht ...«. Dann wissen Sie schon, dass es wieder etwas geradezubiegen gibt. Wenn es nun aber gelingt, zweifelsfrei ganz bestimmte

Informationen in das Unterbewusstsein unserer Mitarbeiter zu lenken, kann der Mitarbeiter gar nicht anders, als unter dem Zwang dieses suggestiven Einflusses auch den Befehl folgerichtig durchzuführen.

Es kommt darauf an, dass Ihre Anweisungen sich möglichst tief und eindeutig im Unterbewusstsein Ihrer Mitarbeiter einnisten. Tiefe Engrammkomplexe bilden. Besprechen Sie Ihre Mitarbeiter wie eine Festplatte, wie ein Navigationssystem, eine Mailbox. Wenn Sie die Aufnahme schwach oder unklar besprechen, dann kommt das Echo selbstverständlich schwach zurück. Wenn Ihre Stimme unsicher klingt, wie kann dann nur das Echo sein? Unsicher!

Sie sehen also, wie weit wir hier eine Möglichkeit in der Hand haben, durch unser eigenes Verhalten das Echo und die Reaktion unserer Mitarbeiter selbst zu bestimmen.

Wovon hängen Tiefenwirkung und Prägefähigkeit Ihrer Beeinflussungsfähigkeit ab?

Die wichtigste Voraussetzung, um die Kraft Ihrer Suggestionsfähigkeit zu steigern, ist Ihre *Konzentrationsfähigkeit und Ihre Stimme!* Je konzentrierter und eindeutiger Sie selbst Ihre Anordnungen suggestiv in das Gehirn Ihrer Mitarbeiter hineinspeichern, um so fester verankern Sie dort Ihre Gedanken. Je tiefer und harmonischer der Klang Ihrer Stimme, um so größer ist die Wirkung Ihrer Worte.

Wenn also Konzentrationsfähigkeit und Stimme die wichtigsten Eigenschaften für eine Führungskraft sind, dann werden Sie erkennen, dass Nervosität die negativste ist.

Je nervöser, je abgehetzter Sie sind, um so geringer ist der Einfluss, der von Ihnen ausgeht. Darum setzt die Fähigkeit, Mitarbeiter zu führen, nicht nur den Mitarbeiter voraus, der willens ist, sich führen zu lassen, sondern von dem Motivator wird noch mehr verlangt.

Durch welche Kanäle ist nun das Unterbewusstsein des Menschen am stärksten beeinflussbar? Durch die Sinne natürlich, vor allem durch Augen und Ohren. Dabei ist es interessant, zu bedenken, dass der Mensch die Augen schließt, den optischen Sinn also während des Schlafes abschalten kann, dass unsere Ohren aber ständig geöffnet sind. Das heißt, dass auch jemand, der nichts sieht, durch akustische Informationen ständig beeinflusst wird. Der stärkste suggestive Einfluss entsteht, wenn Optik und Akustik sich verbinden.

### Die Macht des Vorbilds

*Vorbild zu sein,*
*ist die stärkste Macht!*

Wir wissen heute, dass der Mensch zu 15 Prozent von seinen Erbanlagen und zu ca. 85 Prozent von seiner Umwelt beeinflusst wird. Zum allergrößten Teil also ist der Mensch Produkt seiner Umwelt. *Sie* sind für Ihre Mitarbeiter Umwelt. *Sie* bestimmen, wie Ihre Mitarbeiter reagieren. Wie stark ist Ihre Fähigkeit, in Ihren Mitarbeitern ein positives Echo wachzurufen?

Wir selbst sind die Umwelt unserer Mitarbeiter. Wir selbst bestimmen weitestgehend, wie andere reagieren. Die 14 Grundgesetzte der Lebensentfaltung enthalten diese psychologischen Gesetzmäßigkeiten, z. B. das

*2. Denkgesetz:*
*Am Anfang jeder Tat steht die Idee.*
*Nur was gedacht wurde, existiert.*

Ein Mitarbeiter kann noch so bereit sein, Ihre Anordnungen durchzuführen, wenn sie ihm aber nicht klar sind, nützt der beste Wille nichts.

Hier müssen wir uns selbst einmal an die Brust schlagen. Gehen wir nicht oft von der falschen Voraussetzung aus, unsere Mitmenschen als Gedankenleser zu betrachten? Müssten sie nicht merken, was wir wollen? Nein! Wir setzen beim anderen viel z uviel voraus. Wir geben uns nicht die Mühe, den anderen zu informieren und in unsere Gedankengänge einzuweihen. Das ist eine große Unterlassungssünde.

*5. Denkgesetz:*
*Aus dem kleinsten Gedankenfunken kann ein leuchtendes Feuer werden.*

Es sind seine Gedanken, seine Bewusstseinsinhalte, die einen Mitarbeiter zu seiner höchsten Leistungsfähigkeit antreiben können; aber es sind auch seine Gedanken und Gefühle, die einen Mitarbeiter dazu veranlassen können, dass er aufgibt und resigniert. Ein neurotischer Chef kann einen ganzen Betrieb verrückt machen; ein harmonischer, dynamischer, führungsfähiger Chef aber kann seinen ganzen Betrieb mitreißen, er kann in den Köpfen seiner Mitarbeiter zukunftsfrohe Ideen aktivieren. Vergegenwärtigen wir uns nochmals:

*11. Denkgesetz:*
*Beachtung bringt Verstärkung. Nichtbeachtung bringt Befreiung.*

*12. Denkgesetz:*
*Zustimmung aktiviert Kräfte – Ablehnung vernichtet Lebenskraft.*

Wir beschäftigen uns viel zu oft mit dem, was wir *nicht* wollen und viel zu selten mit dem, *was oder wie* wir etwas wollen. Nicht die Fehler der Mitarbeiter dürfen im Vordergrund stehen, sondern ihre positiven Anlagen. Wir sollten nicht immer wieder das betonen, was wir *nicht* mögen. Häufiges Kritisieren verärgert nur. Wir sollten uns darum bemühen, genau zu formulieren, worum es geht. Das ist nicht leicht, schon in der Schule galt dieses Gesetz: Manche Lehrer erweckten deshalb in uns Fähigkeiten, die andere für unmöglich hielten.

Eine der wichtigsten Aufgaben also, die ein Unternehmer sich heute stellen muss, ist tatsächlich die Fähigkeit, das aus einem Menschen herauszuholen, was aufgrund seiner Anlagen möglich ist.

Nicht in der Ablehnung – im Kritisieren, Schimpfen, Nörgeln oder (noch schlimmer) im Ironisieren – liegt Ihre Beeinflussungskraft, sondern in der Bejahung, in der Anerkennung, in der richtigen, positiven, suggestiven Führung gewinnen Sie. Lesen Sie nochmals das 13. Denkgesetz:

*13. Denkgesetz:*
*Die ständige Wiederholung einer Idee wird erst zum Glauben – dann zur Überzeugung. (Auch in negativer Hinsicht).*

Felsenfeste Überzeugung also, der sichere Glaube, von dem man sagt, dass er Berge versetzen könne, macht erst die Kräfte frei, um die Behauptung zu realisieren. Die Werbung praktiziert dieses Denkgesetz jeden Tag, um Millionen von Menschen zu manipulieren. Warum verzichten Sie bei Ihrer schwierigen Aufgabe der Menschenführung auf diese Erkenntnisse? Schon der Schweizer Pädagoge Pestalozzi erkannte, dass mancher etwas Gutes tue, weil man ihm etwas Gutes zutraue. Ein altes Gesetz also.

Der französische Politiker Pierre Mendès France hat gesagt: »Wir haben nur zwei Möglichkeiten. Entweder einzugestehen, dass wir uns geirrt haben, oder etwas so oft zu wiederholen, bis es sich realisiert hat.«

Sie haben sich mit einer Idee, einem Plan, wochenlang auseinandergesetzt. Dann aber glauben Sie, dass es genüge, es Ihren Mitarbeitern einmal sagen zu müssen. Sie sind vielleicht sogar noch erstaunt, dass der Betrieb nicht sofort reagiert, wenn Sie eine Anordnung einmal geben. Das *kann* nicht gut gehen! Denn Ihre Ideen sind für andere Fremdkörper. Durch die fortdauernde Wiederholung aber, durch Erklären, Beschreiben, Vorwegnehmen der Wirkungen und Zustände, durch Hervorheben und Unterstreichen der zu erwartenden Vorteile und Besserungen allein wird Ihr Plan auch zum geistigen Eigentum Ihrer Mitarbeiter. Denn:

*Einmal sagen, ist keinmal sagen!*

Erinnern Sie sich, wie oft Ihre Mutter Ihnen etwas sagen musste? Auch aus der Werbepsychologie wissen Sie, dass eine Anzeige allein nichts nützt. Entweder lassen Sie eine ganze Serie von Annoncen los, oder Sie lassen es ganz sein. Ein einsamer Impuls wird durch andere überdeckt. Erinnern wir uns an das 11. Denkgesetz.

*11. Denkgesetz: Beachtung bringt Verstärkung. Nichtbeachtung bringt Befreiung.*

Wenn sie bei Ihren Mitarbeitern Fehler beachten, werden die Fehler von Tag zu Tag zunehmen. Wenn Sie bei Ihren Mitarbeitern die positiven Eigenschaften beachten, werden diese positiven Eigenschaften von Tag zu Tag zunehmen.

Der Vorstand eines Unternehmens bewahrte auf seinem Schreibtisch ein Tageskärtchen auf mit dem Text:

*Ein Chef, der an seinen Mitarbeitern nichts Gutes findet, ist nur zu faul, danach zu suchen.*

Solch ein Chef ist in der Lage, ein gutes Betriebsklima zu erreichen. Alle Motivation in uns lebt aus der Beachtung. Warum haben wir die starke Neigung, immer nur auf die Fehler zu achten? Wenn wir das Positive zu wenig anerkennen, bekommt der Mitarbeiter zu wenig Erfolgserlebnisse. Haben Sie schon je in Ihrem Leben das Gefühl gehabt, zu stark anerkannt, zu viel gelobt, zu heftig geliebt worden zu sein?

Wie Sie erkennen, ist es mit den »Streicheleinheiten« wie mit dem Geld. Man kann nie genug davon bekommen. Sie sehen jetzt, welche positive Chance Sie mit dem 13. und 14. Denkgesetz erhalten haben:

*Alle Antriebe existieren nur aus der Beachtung!*

Es ist ein straffer Selbsterziehungsprozess, uns dahin zu bringen, am andern die positiven Seiten zu bemerken. Kein Mensch ist ein Engel. Jeder hat – wie eine Münze – zwei Seiten, aber wer zwingt uns denn dazu, immer nur die negative Seite zu betrachten? Da alles vom Menschen ausgeht, so hängt doch auch Ihr Erfolg von dem Leistungsvermögen und – noch wichtiger – von der Leistungsbereitschaft Ihrer Mitarbeiter ab. Wenn Sie also immer nur auf deren Schwächen achten, dann werden Sie das Letzte, das Beste, das Höchste niemals aus ihnen herausholen. Ich kenne viele Chefs, für die ihre Mitarbeiter »durchs Feuer« gehen. Welche Art Führungspersönlichkeiten waren das, die das erreichten? Es waren Menschen, die immer wieder auf das Gute achteten. Man kann es hier zu einer wirklichen Meisterschaft bringen, immer das zu bemerken und anzuerkennen, was wir im anderen aktivieren wollen.

*14. Denkgesetz: Glaube führt zur Tat. Konzentration führt zum Erfolg. Wiederholung führt zur Meisterschaft.*

Wiederholung zwingt also den Menschen später dazu, automatisch nach bestimmten Produkten zu greifen. Wenn die großen Markenfirmen nur ein Vierteljahr lang darauf verzichteten, ihre Thesen zu wiederholen, wie würden dann wohl die Bilanzen aussehen? Keine große Firma kann sich dieses Risiko erlauben.

Worauf es ankommt, ist die Kunst, ganz bestimmte Vorstellungen, Anordnungen und Ziele so lange zu wiederholen, bis sie sich im Unterbewusstsein unserer Mitarbeiter festgesetzt haben und somit zu einer automatischen Reiz-Reaktions-Kette geworden sind. Alles hängt also ab von dem Mann oder der Frau, die den Ton angeben, die Motivator sind.

Welche Voraussetzungen sollte so ein Motivator haben? Auch hier gilt, dass noch kein Meister vom Himmel gefallen ist. Doch jedes Talent entfaltet sich durch Betätigung. Wir haben täglich die Möglichkeit, unsere Talente in der Menschenführung zu üben, um so nicht nur unser Können und unsere Fähigkeiten, sondern auch unseren Einfluss und unsere Macht zu erweitern. Ziel wäre dabei, was Dwight D. Eisenhower einmal so formulierte: »Führen ist die Fähigkeit, einen Menschen dazu zu bringen, das zu tun, was man will, wann man will und wie man will – weil er selbst es so will.«

Für Sie ist also die wichtigste Frage: »Will ich überhaupt führen oder möchte ich lieber geführt *werden*?«

Wenn wir uns aber nun dazu bekennen, aktive Menschenführung zu betreiben, dann sollten wir dies nicht mehr unbewusst, sondern ganz gezielt tun. Daraus erwächst das notwendige und starke Selbstbewusstsein, das jede Führungskraft unbedingt auszeichnen muss.

Die zweite Frage, die viel zu selten gestellt wird, ist die: »Wozu oder wohin will ich meine Mitarbeiter bringen?« Führen ist die Fähigkeit, ein Ziel zu haben und dieses Ziel plastisch vorstellbar beschreiben zu können! Bei vielen Unternehmerseminaren muss man feststellen, wie schwer es fällt, Unternehmensziele zu definieren. Darum sollten Sie sich die konkrete Frage stellen: »Was will ich erreichen?«, *bevor* Sie mit Ihren Mitarbeitern reden. Zielklarheit ist auch das erste und wichtigste Anliegen. Zielklarheit ist das Geheimnis der Konzentrationsfähigkeit. Menschen, die sich nicht konzentrieren können, wissen nicht, was sie wollen. Sie sind zerstreut und flatterhaft, haben tausend Gedanken und Ideen im Kopf, aber können keinen einzigen Gedanken stark und mächtig machen und durchführen.

Die Frage nach dem Ziel ist vorrangig. Dann kommt die Frage nach dem Weg, dem rationellsten. Was dient, was schadet dem Unternehmen? Je eindeutiger Sie wissen, was Sie wollen, desto leichter machen Sie es Ihren Mitarbeitern, Ihnen zu folgen. Sie können aber nicht von Ihren Mitarbeitern verlangen, dass sie bereit sind, Ihnen zu folgen, wenn Sie selbst nicht wissen, wohin die Reise geht.Natürlich unterstützt Sie heute beim Autofahren ein Navigationssystem, doch in den engen Gassen einer fremden Stadt können Sie einem Autofahrer schnell anmerken, ob er den Weg kennt oder nicht. Niemand fährt unsicherer und gefährlicher als der, der nicht genau weiß, wo es lang geht. Manche Unternehmer machen den Fehler, zu hektisch zu führen. Bei jedem Sechstagerennen können Sie beobachten, dass die Fahrer immer möglichst am Hinterrad ihres Vordermannes fahren, um so durch den Sogwind mitgezogen zu werden. Ist der Abstand, den Sie zu Ihren Mitarbeitern haben, so eng, dass durch Ihre Führung noch eine Sogwirkung entsteht? Dann wird man Ihnen bereitwillig folgen. Ist aber Ihr Abstand zu groß, entfällt der Sogwind und es entstehen zwei völlig getrennte Bereiche. Darum ist jede Hektik und Übertreibung des Tempos ein echter Führungsfehler! Vorangehen ja – aber so vorangehen, dass man Ihnen folgen kann ...

Dynamik also braucht die Welt, in der wir leben. Sie lebt von dem, was Führungskräfte bereit sind, zu erarbeiten. Darum ist gerade in einer Demokratie Führung notwendiger denn je. Denn Demokratie heißt nicht, dass nicht mehr geführt werden soll, sondern gerade in der Demokratie wird von einer Führungspersönlichkeit weit mehr verlangt als in der Diktatur.

Führungslosigkeit – das wissen wir alle – führt zum Chaos. Wie viele Firmen haben in den letzten Jahren im Konkurs geendet! Natürlich waren da verschiedene Faktoren auslösend, aber Führungsfehler vergrößerten das Chaos noch. Deshalb können Sie sich gar nicht intensiv genug mit der Führungspsychologie beschäftigen. Im Mittelpunkt – davon gingen wir aus – steht der Mensch. Im Mittelpunkt sollten *Sie* stehen mit Ihrer Kraft, Ihrer Fähigkeit, Ihren Mitarbeitern voranzugehen. Von Ihrem Verhalten und Ihrer Wirkung hängen Erfolg und Glück, aber auch das Unglück der von Ihnen geführten Menschen ab.

*Es zählt allein, was man tut –*
*nicht, was man andern zu tun empfiehlt.*

Führung ist Vorbild, denn geistige Kräfte im Mitarbeiter werden durch Nachahmung geweckt. Nur die Taten zählen!

Im digitalen Zeitalter und in der Vermassung kommt der schöpferischen Persönlichkeit besondere Bedeutung zu. Oft sind es Hemmungen, die uns hindern, unsere Persönlichkeit zu entfalten und das zu tun, was wir möchten und was notwendig ist.

Eine einflussreiche Persönlichkeit muss im täglichen Leben bei vielen Gelegenheiten sprechen. Sie muss frei und sicher auftreten können und sich durchsetzen. Es gibt daher kaum eine Fähigkeit, die so wichtig und universell anwendbar ist, wie die Kunst der freien Rede, wofür in diesem Buch die Voraussetzungen vermittelt werden.

Auf der Wertungsliste für Führungskräfte rangiert die Fähigkeit, Ideen mitzuteilen und neue Ideen zu erwecken, an erster Stelle.

Je höher die Führungskraft steht, um so mehr wird ihre Welt zu einer Welt der Worte.

# Welchen Eindruck mache ich?

Notieren Sie unvoreingenommen, welchen Eindruck Sie von sich selbst haben – sympathisch oder unsymathisch, verschlossen, aufmerksam, anziehend, abstoßend, aggressiv, unterwürfig, überheblich, selbstbewusst, freundlich, mürrisch, vernachlässigt, gepflegt? Prüfen Sie genau! Bitte *schriftlich!*

Die meisten Leute investieren sehr viel Zeit, Mühe, Kosten in ihr Äußeres. Gut so! Bedenken Sie aber, dass wir nicht nur Augenwesen sind, sondern auch mit den Ohren die Umwelt sehr intensiv erleben. Wir werden nicht nur von optischen Eindrücken überflutet, sondern auch von Geräuschen aller Art, Lärm, vielen, vielen Stimmen. Da wirkt eine warme, wohlklingende Stimme wie eine Oase in der Wüste: erfrischend, besänftigend, erfreuend.

Internet, Fernsehen, Zeitungen und auch das Telefon verbrauchen heute unsere Sprache. Worte haben nicht mehr die große Wirkung, die sie noch für unsere Großeltern und alle vorangegangenen Generationen hatten. Deshalb kommt es um so mehr darauf an, *wie* man etwas sagt. Unsere Ohren sind viel feinere Messinstrumente als unsere Augen. Wirkung und Suggestionskraft (Beeinflussungsstärke) unserer Worte hängen ab von der Klangfarbe unserer Stimme.

*Wie spricht wer?*

Hören Sie die Klangfarbe der Stimmen prominenter Persönlichkeiten genau an. Analysieren Sie sie. Wie spricht der Bundespräsident, die Kanzlerin, der Nachrichtensprecher, ein Sportjournalist, ein Pastor, eine Werbestimme, meine Eltern, mein Partner, meine Kinder, meine

Geschäftsfreunde, meine Kollegen? Auch hier treiben Sie bitte umfangreiche Studien!

Als Erstes wird Ihnen bewusst, wie oberflächlich Sie bisher den Ausdruckswert der Stimmen beachteten. Zweitens werden Sie merken, dass Ihre Menschenkenntnis wächst. Schon Sokrates sagte zu einem neuen Schüler: »Sprich, damit ich dich sehe.«

Sie werden erkennen, dass die Sprache den Charakter des Menschen offenbart. Sie werden Beispiele finden, an denen Sie die Erfahrung machen, dass es die Stimme ist, die eine Person sympathisch oder unsympathisch macht. Von der Menschenkenntnis kommen wir zur Selbsterkenntnis. Damit sind wir bei der wichtigsten Übung:

*Wie spreche ich?*

Bei dieser Übung entscheidet nicht der Wunsch – wie *möchte* ich sprechen –, sondern die Wirklichkeit. Erforschen Sie die Art, *wie* Sie sprechen, mit äußerster Gründlichkeit. Bitte wieder schriftlich! Durch das Aufschreiben zwingen wir uns zur Präzision und Gedankenklarheit und lernen uns so immer besser kennen.

# Die Kraft des Wortes

*Von einem Menschen fühlen wir uns angezogen, während wir einen anderen instinktiv ablehnen. In der Regel wissen wir nicht warum. Eine Analyse macht uns bewusst:*
*Wir beurteilen einen Menschen nach seinem Auftreten, seinem Augenkontakt und nicht zuletzt nach seiner Stimme.*
*Aus dem Volksmund wissen wir, wie wichtig zur Beurteilung eines Menschen seine Stimme ist.*
*»Ich kann dich nicht mehr hören.«*
*»Es läuft mir kalt den Rücken herunter.«*
*»Erst der Ton macht die Musik.«*
*Sprichwörter, die uns deutlich machen, dass unsere Umwelt uns nach unserer Stimme und unseren Worten beurteilt.*

Wie wichtig zur Beurteilung eines Menschen seine Stimme ist, bemerken wir am deutlichsten am Telefon.

Auch bei der Beobachtung von Haustieren merken wir, dass Tiere unterschiedlich auf Befehle reagieren. Geben zwei Personen den gleichen Befehl, wird der eine befolgt, die Forderung der zweiten Person lässt das Tier gleichgültig.

Sie erkennen daran, dass nicht das Wort allein das Verständliche oder Zwingende unserer Sprache ist. Erst durch die Schwingungen des Tons beginnt das Wort zu leben, wird die Seele des Wortes geweckt. Daher sprechen wir von der Beseelung des Wortes. Unsere Stimme ist die Leitschiene, auf der unsere Gedanken das Bewusstsein und Unterbewusstsein unserer Mitmenschen erreichen. Deshalb ist die Stimme als Erfolgsfaktor unser Thema.

*Der Mensch wirkt durch das Wort.*

*»Sprich, damit ich dich sehe.«, dieser Gedanke Sokrates' macht deutlich, worauf es ankommt.*

Besonders scharf hat Nietzsche diese Vorgänge beobachtet:

»Das Verständliche an der Sprache ist nicht das Wort selber, sondern Ton, Stärke, Modulation und Tempo, mit dem eine Reihe von Worten gesprochen wird. Kurz, die Musik hinter den Worten, die Leidenschaft hinter dieser Musik, die Person hinter dieser Leidenschaft, alles also, was nicht geschrieben werden kann.«

Goethe hat sich ebenfalls sehr intensiv mit der Kraft des gesprochenen Wortes auseinandergesetzt. Immer wieder fasziniert uns seine Passage im *Faust*.

»Geschrieben steht: Im Anfang war das Wort. Hier stock ich schon, wer hilft mir weiter fort?

Ich kann das Wort so hoch unmöglich schätzen, ich muss es anders übersetzen. Wenn ich vom Geiste recht erleuchtet bin, geschrieben steht:

Im Anfang war der Sinn.

Bedenke wohl die erste Zeile, dass deine Feder sich nicht übereile. Ist es der Sinn, der alles wirkt und schafft?

Es sollte steh'n, im Anfang war die Kraft.

Doch auch, indem ich dieses niederschreibe, schon warnt mich was, dass ich dabei nicht bleibe. Mir hilft der Geist, auf einmal seh ich Rat und schreib getrost: Im Anfang war die Tat.«

Ein kleines Experiment wird diese Erkenntnis noch vertiefen. Lassen Sie einmal ein Gedicht von fünf verschiedenen Personen sprechen. Wenn Sie aufmerksam zuhören, werden Sie fünfmal etwas anderes wahrnehmen – und das, obwohl der Text, die Information fünfmal die gleichen waren.

Worte sind Schall und Rauch, wenn hinter den Worten nicht eine Persönlichkeit steht.

*Unsere Stimme, unsere Sprache ist der Ausdruck unserer Persönlichkeit. Hier liegt der wahre Grund, warum viele Menschen – trotz guter Argumente – nicht überzeugen können. Warum ist das so?*

Sprechen ist ein unbewusst ablaufender Vorgang. Die Stimme des Menschen kommt aus seinem Inneren und offenbart darum auch sein Innerstes.

Deutlich wird diese Erkenntnis am Telefon. Wir sehen den anderen Menschen nicht, wir hören nur seine Stimme und erkennen sofort seine Stimmung. Aus der Klangfarbe der Stimme können wir die Persönlichkeit eines Menschen noch besser erkennen, als aus seiner Handschrift.

Sollten Sie skeptisch sein, ist das eine gute Ausgangssituation, um ein Gespräch mit einem Blinden zu führen. Sie werden erstaunt sein, was ein Blinder aus den Stimmen seiner Mitmenschen heraushört. Die Stimme, so stellten wir fest, kommt aus dem Inneren des Menschen und offenbart darum sein Innerstes. Wer den Ton, in dem ein Mensch spricht, für etwas Äußerliches hält, irrt sich. Der Ton ist mit der inneren Beschaffenheit des Individuums aufs Engste verknüpft.

Eine innere Unordnung gibt sich durch Disharmonie der Stimme zu erkennen. Aus diesem Grund hat der vorsichtige Mensch eine vorsichtige Stimme, der Ängstliche hat die Angst auch in seiner Stimme. Der Aggresive hat eine aggressive Stimme, der Humorvolle hat eine humorige Stimme, der Verliebte hat eine verliebte Stimme, der Mutige hat eine mutige Stimme, der Kraftvoll-Vitale hat eine kräftige Stimme und der Ruhige hat eine ruhige Stimme.

Die Stimme bringt es an den Tag.

Jetzt wird Ihnen bewusst, wie wichtig Ihre Stimme als Erfolgsfaktor ist.

Die Psychotherapie hat viele Systeme entwickelt, um die Persönlichkeit der Menschen zu entfalten. Einer der erfolgreichsten Wege ist der Weg über die Stimme.

*Ein Mensch, der an seiner Stimme arbeitet, arbeitet am Kern seiner Persönlichkeit. Ein Mensch, der seine Stimme verändert, verändert die Struktur seines Charakters.*

Der Weg hat den zusätzlichen Vorteil, dass man seine Fortschritte objektiv kontrollieren kann. Wirkliche Bildung und Persönlichkeit geht von innen aus. Harmonie wirkt von innen nach außen, und die Harmonisierung der Töne wirkt auf das Innere zurück. Inneres und Äußeres stehen in einer Wechselwirkung. Deshalb kann eine Erziehung des Geistes nicht ohne die Erziehung der Sprache funktionieren.

Nutzen Sie die Zeit und schauen Sie sich einmal das Musical *My Fair Lady* bzw. *Pygmalion* von George Bernhard Shaw an. Darin wagt Professor Higgins ein waghalsiges Experiment, in dem er ein Blumenmädchen aus dem Armenviertel aufnimmt und ihr durch Training hilft, eine vornehme Dame zu werden.

»Kann denn die Menschen niemand lehren, wie man spricht? Die Sprache macht den Menschen, die Herkunft tut es nicht.«

Und zu seiner Mutter gewandt, sagte Professor Higgins »Das ist das atemberaubendste Experiment, das ich jemals durchgeführt habe.«

Einem Menschen seine hässßliche Sprache nehmen und ihm eine neue Sprache schenken, heißt: »ihm eine neue Persönlichkeit geben«.

Durch die Möglichkeit des klingenden Wortes entsteht die Magie der Sprache.

Ein erfolgreiches Beispiel für die Entfaltung der Stimme in der Geschichte ist der Grieche Demostenes, der in seiner Jugend stark stotterte. Durch Übungen überwand er seine Schwäche und wurde zu einem der größten Redner der Antike. Sein Redetraining bestand darin, dass er einen Kieselstein in den Mund nahm und mit lauter Stimme das Meer anschrie. Er nahm den Kieselstein in den Mund und lief hinaus zu den Bergen und rezitierte dabei Gedichte. Sein Erfolg kann uns auch heute noch ermutigen.

Wir können auf den Kieselstein verzichten. Vorerst praktizieren wir auch keine Sprechübungen, sondern »Schwingungsübungen«. Wir erzeugen Schwingungen, die uns befreien und uns kräftigen.

# Das Psychogene Atemtraining

*Die nachfolgenden Übungen lehren wir seit Jahrzehnten im Institut in Königstein und trainieren diese mit vielen tausend Menschen zu ihrem persönliche Vorteil. Sie gibt unglaublich viel Kraft und Energie und ist auch als Audio-Datei unter dem Namen »Ein positiver Tag beginnt« erhältlich.*

Sie sollten die Übungen nicht nur lesen, sondern sie üben, um sich selbst zu beweisen, was in Ihnen steckt.

*Sie beginnen mit den fünf Vokalen. Aber nicht in der Reihenfolge, wie wir sie in der Schule gelernt haben, sondern in der weit besseren Reihenfolge »i-e-a-o-u«.*

Diese Schwingungsübungen wirken nicht nur auf die Stimme positiv, nicht nur auf den Charakter sondern auch auf die Gesundheit und Vitalität des Körpers. Letzteres ist besonders wichtig, denn ein erfolgreicher Mensch sollte auch über eine starke Gesundheit verfügen.

Zur Praxis: Atmen Sie ruhig und langsam aus. Dann sehr langsam und ruhig riechend ein. Jetzt erst kommt der dynamische Teil. Kraftvoll, harmonisch schwingend erklingt das iiiiiii..... Den Ton lange halten, bis Sie ganz ausgeatmet haben. Dann ganz langsam und ruhig wieder einatmen und schwingend und klingend das eeeee.....usw.

Die Vorteile dieser Übung:

- Sie trainieren den langsamen und ruhigen, tiefen Atem.
- Ihre Gedanken kommen zur Ruhe. Sie trainieren Ihre Konzentrationsfähigkeit.
- Ihre Stimme wird frei, Ihre Sprache wird fest und Sie bekommen sie fest in den Griff.

- Gleichzeitig harmonisieren Sie die verschiedenen Regelkreise in sich. Mit dem harmonisch schwingenden Vokal »i« beeinflussen Sie das Gehirn. Mit dem Vokal »e« den Hals und die Schilddrüse. Mit dem Vokal »a« den oberen Brustraum. Mit dem Vokal »o« das Herz und mit dem Vokal »u« den Unterleib.

Für den wissenschaftlich denkenden Menschen noch folgende Anmerkungen:

Der Vokal »i«, der höchste unserer Töne – hat eine Schwingungsfrequenz von ca. 4.000 Hertz, und der Vokal »u« hat eine Schwingungsfrequenz von ca. 500 Hertz.

Wir entspannen und entkrampfen also mit den fünf Vokalen systematisch den ganzen Körper von oben nach unten.

Als zweite Übung empfehle ich Ihnen, die Vokale i-e-a-o-u mit einer kleinen Zwischenpause erklingen und erschwingen zu lassen, also jeden Vokal nach einer kurzen Pause erneut anzusetzen.

*i – e – a – o – u*

Beide Übungen sollten Sie täglich ausführen.

Die zweite Übung trainiert den Tonansatz und erhöht die Resonanzfähigkeit der Stimme, sodass Sie auch in großen Räumen leicht sprechen können und überall verstanden werden.

Die Stimme ist ein Medium, das immer lebendiger und interessanter wird, je mehr wir es trainieren und benutzen. Der Ton, die Schwingungen unserer Stimmbänder, durchdringt uns ganz tief und schafft darum in unserem Innern neue Lebenskraft.

Die Schaffensfreude wächst. Die Klangfarbe verrät, ob ein Mensch Musik in sich hat.

Die Tonbildung hängt eng mit der Spannung und der Konzentration aller inneren und äußeren Kräfte zusammen. Bei einer Begegnung mit einer fremden Person ist es daher sofort möglich, die Persönlichkeit am Klang der Stimme zu erkennen. Jede Verkrampfung, jede Hast, aber auch Güte und innere Ruhe sind genau herauszuhören.

Viele Menschen erschrecken, wenn sie zum ersten Mal ihre eigene Stimme hören. Sie bemerken nicht selten Wesenszüge, die sie nie an sich selbst bemerkt haben.

Die dritte Übung ist besonders wichtig. Jetzt trainieren wir das »Zungen-R«.

Diese Übung hat zwei Wirkungsbereiche:

- Wir sprechen durch eine deutliche Artikulation des Mundes. Die Stimme kommt aus dem Hals in den Mund und dadurch können wir Stunden sprechen, ohne heiser zu werden und ohne trinken zu müssen.
- Das »Zungen-R« verleiht Ihrer Stimme Kraft, Energie und Durchsetzungsvermögen. Die Suggestivkraft Ihrer Stimme wächst.

*Die suggestive Kraft der Stimme, das heißt wie stark ihr Einfluss auf andere ist, ist immer der Klangfarbe zuzuordnen. Die Klangfarbe ist der Träger des seelischen Geschehens. Wird sie richtig eingesetzt, können Töne heilen, Angst nehmen und entspannen.*

Worin besteht nun die Kraft des Wortes?

Sie besteht nicht in der Lautstärke, sondern in der Intensität und Harmonie des Gefühls. Wenn der Atem unruhig ist, so ist auch das Denkzentrum unstet. Und umgekehrt; wird der Atem beruhigt, beruhigt sich auch der Gedankenfluss.

Die Gedanken werden nicht nur langsamer, sondern auch tiefer. Der durchatmete Körper wird ein schwingendes Instrument für jeden Laut, jeden Ton und jedes Wort.

Wenn Sie unsere Übungen in einem entspannten Zustand ausführen, werden Sie als Erstes bemerken, dass sich Ihre Entspannung schnell vertieft.

Der innere und äußere Mensch beginnt harmonisch zu schwingen.

Tiefere Schichten des Bewusstseins öffnen sich. Eine wunderbare innere Kraft wird Sie durchströmen. Sie werden nicht nur während der Übungen ruhig und gelassen, sondern auch Ihre Autorität wächst. Prestigeverlust durch Nervosität gehört der Vergangenheit an.

*Nervosität schwächt die Faszinationskraft des Menschen. Je größer seine Konzentrationskraft, desto faszinierender ist seine Anziehungskraft.*

Im Zustand der Ruhe, der Konzentration öffnet sich das Tor zum Unterbewusstsein. Ein oft beobachteter Reflex tritt ein. Je konzentrierter und gelassener Sie sind, um so gelassener werden Ihre Gesprächspartner. Und je aufmerksamer Sie sind, um so stärker können Sie andere positiv beeinflussen. Die anderen schwingen und empfinden wie wir.

»Das Gefühl ist es«, schreibt Bernhard Shaw, »das den Menschen zum Denken anregt – und nicht das Denken, das ihn zum Fühlen anregt.«

Das Ziel aller Stimm- und Schwingungsübungen ist die Entfaltung und Befreiung der Persönlichkeit. Darum sollten Sie diese Übungen nur im Zustand großer Ruhe und Konzentration durchführen bzw. um Ruhe und Konzentration erneut zu erlangen. Legen Sie viel Kraft und Energie in Ihre Stimme hinein. Die ideale Klangfarbe sollte dunkel und harmonisch sein.

Vor vielen Jahren fand ich eine Weisheit, die dieses Wissen und die Wirkung unserer Übungen auf den Punkt bringt: »Tausend Künste kennt der Teufel, aber singen kann er nicht; denn Gesang gibt ein Bewegen von der Seele zu dem Licht.«

Sicher kennen Sie die alte Volksweisheit: »Wo man singt, da lass dich ruhig nieder, böse Menschen haben keine Lieder.«

Durch die Übungen wird es Ihnen gelingen, Ihr ganzes Innere zum Schwingen zu bringen. Jetzt beginnt Ihre Persönlichkeit zu strahlen und unbewusst von innen induktiv zu überzeugen.

*Unsere Stimme, unsere Sprache, ist der Ausdruck unserer Persönlichkeit. Hier liegt der wahre Grund, warum viele Menschen – trotz guter Argumente – nicht überzeugen können. Warum ist das so?*

Stellen Sie sich zwei Klaviere in einem Raum vor. Schlagen Sie auf dem einen Klavier den Ton »a« an, schwingt dieser Ton im anderen Klavier mit.

Daran erkennen wir, dass wir in anderen nur das zum Mitklingen und -schwingen bringen können, was in uns selbst schon schwingt. Hier liegt das wahre Geheimnis der Macht des Vorbilds.

*Nur der Kraftvolle – in sich selbst gefestigte Mensch – hat die Fähigkeit entwickelt, Probleme nicht nur zu erkennen, sondern sie zu lösen.*

Entwickeln Sie durch unser Training Ihre Fähigkeiten und Kräfte. Überwinden Sie Ihre Schwächen und Unsicherheiten. Eine kraftvolle Persönlichkeit besitzt eine kraftvolle, begeisternde und mitreißende Stimme.

Da unsere Übungen *aktiv* harmonisch ausgeführt werden, aktivieren Sie automatisch das Extrovertierte, das Schöpferische, das Kreative und das gestalterische Potenzial des Menschen.

Die gestalterischen Fähigkeiten liegen bei vielen Menschen brach. Durch unser Mentales Training, die Autosuggesionen und das Psychogene Atemtraining wird die Persönlichkeit gestärkt und entfaltet.

Was wir zur Lösung der großen Menschheitsprobleme benötigen, sind Menschen, die innerlich stark gefestigt sind. Und die auch die Fähigkeit aktiviert haben, aus sich herauszukommen, um die Zukunft bewusst zu gestalten.

*Nicht Wissen, nur Übung macht den Meister.*

Folgende Vorteile haben Sie durch diese letzte Übung:

- Sie aktivieren Ihre Nerven und Willenskraft.
- Sie verbessern Ihre Konzentrationsfähigkeit und aktivieren das Gedächtnis.
- Sie verbessern Ihre Aussprache.
- Sie entwickeln die Suggestivkräfte in sich.

# Sei du selbst

Im Lexikon findet man unter dem Begriff »Identifikation« neben dem Hinweis auf dessen lateinische Herkunft Erklärungen wie Gleichsetzung, Identifizierung, das meist unbewusste Sich-Hineinversetzen in eine andere Person infolge starker Gefühlsbindung, etwa als wichtiger Mechanismus in der Entwicklung des kindlichen Ich.

Die Identifikation erscheint nach außen als Nachahmung; der tiefenseelische Mechanismus, der der Identifikation zugrunde liegt, ist die Introjektion. In der Sozialpsychologie spricht man von Rollenidentifikation im Sinne der Anpassung des Individuums an Rollenerwartung und Gruppennormen.

Goethe konnte es kürzer formulieren: »Du gleichst dem Geist, den du begreifst.«

In all unseren Seminaren kann man in den ersten Stunden ganz deutlich ein Gruppenverhalten feststellen. Die Erfolgreichen solidarisieren sich mit den Erfolgreichen, die Kränklichen mit den Kränklichen und die Gehemmten und Versager stimmen sofort mit den Gehemmten und Versagern überein.

In der Regel findet der Mensch im Alter von 13 bis 20 Jahren seine Identität; das Elternhaus, die Schule, die Freunde prägen sein Weltbild. Die in diesen Jahren geprägte Grundstruktur entscheidet, wie der Mensch im Verlauf des Lebens in bestimmten Situationen reagiert.

Über der Pforte der antiken Welt stand geschrieben: »Erkenne dich selbst.« Über der Pforte unserer neuen Welt sollte geschrieben stehen: »Sei du selbst.«

Um sich und sein Handeln zu verstehen, ist es wichtig, einmal herauszufinden: Mit wem oder womit identifiziere ich mich? Zwei grobe Raster mögen Ihre Selbsterkenntnis erleichtern:

| | |
|---|---|
| mit den Bescheidenen | mit den Gewandten |
| mit den Armen | mit den Tüchtigen |
| mit den Hilflosen | mit den Kultivierten |
| mit den Arbeitslosen | mit den Wohlhabenden |
| mit den Bedürftigen | mit den Gesunden |
| mit den Unfähigen | mit den Gewinnern |

Welche Gruppe können Sie am besten verstehen? Wo können Sie sich am besten hineinfühlen?

Wir alle sind auf der Suche nach einer Rolle, die zu uns und zu unserer Lebenssituation passt, um im Leben erfolgreich agieren und reagieren zu können. Darum sind für uns die drei wichtigsten Fragen, die wir beantworten sollten:

- »Wer bin ich?«
- »Was bin ich?«
- »Was will ich?«

Aus unserer Philosophie wissen wir: Nicht die scheinbare Realität entscheidet im Leben; es ist der Glaube, der unserer Tat vorauseilt. Wenn ich glaube, dass Frauen keine Chancen haben, dann haben Frauen keine Chancen. Wenn ich glaube, dass die Arbeit schwer ist, wird sie auch als schwer empfunden. Wenn ich glaube, dass ich unbegabt bin, werde ich mich dementsprechend verhalten. Es gibt also nicht nur den positiven Glauben, und Sie erkennen hoffentlich, wie gefährlich der negative Glaube ist.

Unserer unbewussten Identität kommen wir am leichtesten auf die Spur, wenn wir unsere Vorbilder aufschreiben. Die Versager sind im Grunde nicht unfähige Menschen; in ihnen wurde der Glaube an den Wert ihres Lebens zerstört; sie leben – unbewusst – in der Überzeugung, sie könnten ihrem Leben keinen Wert geben, ihr Leben sei wertlos.

In einem Interview sagte Elisabeth Noelle-Neumann zum Thema Wertewandel: »Zwei Menschen unterhalten sich über das Leben. Der eine sagt: ›Ich möchte mein Leben genießen und mich nicht mehr abmühen als nötig. Man lebt schließlich nur einmal, und die Hauptsache ist doch, dass man etwas von seinem Leben hat.‹ Der andere sagte: ›Ich möchte etwas erleben, etwas aufbauen, worauf meine Kinder noch stolz sind.‹«

Jene Umfrage endete: »Was meinen Sie, welcher von beiden macht es richtig, der, der das Leben genießen will oder der zweite?«

In der Bundesrepublik antworten gegenwärtig 43 Prozent mit: »Ich betrachte mein Leben als Aufgabe.« 39 Prozent sagen: »Ich möchte mein Leben genießen«, die übrigen 17 Prozent sind unentschieden.

Elisabeth Noelle-Neumann fand zehn Punkte einer starken Persönlichkeit heraus:

- Gewöhnlich rechne ich bei dem, was ich mache, mit Erfolg.
- Ich bin selten unsicher, wie ich mich verhalten soll.
- Ich übernehme gern Verantwortung.
- Ich übernehme bei gemeinsamen Unternehmungen gern die Führung.
- Es macht mir Spaß, andere Menschen zu überzeugen.
- Ich merke öfter, dass sich andere nach mir richten.
- Ich bin anderen oft um einen Schritt voraus.

- Ich kann mich gut durchsetzen.
- Ich besitze vieles, worum mich andere beneiden.
- Ich gebe anderen öfter Ratschläge, Empfehlungen.

Die Untersuchungen von Noelle-Neumann ergaben, dass 56 Prozent eine mehr oder weniger negative Einstellung zum Erfolg und zum Leben haben. Sie glauben nicht daran, dass dem Leben eines jeden Menschen ein Sinn zugrunde liegt.

Im Herzen des »Könners« dagegen lebt ein ganz anderer Glaube. Dieser Glaube macht ihn groß, macht ihn tüchtig, fähig, macht ihn zu einer Kapazität. Dieser Glaube gibt ihm den Mut, nach den Sternen zu greifen. Die Versager verhalten sich oft so, als seien sie dazu verflucht, ein widerliches Leben führen zu müssen. Wir, die Leser und Freunde der Philosophie des »Erfolgreichen Weges«, wissen, dass man sich von solchen negativen Vorstellungen befreien kann, ja sogar muss.

Da wir um die ungenutzten Ressourcen im Menschen wissen, gehören wir nicht zu den Aposteln falscher Bescheidenheit, ich fordere Sie auch immer wieder auf: Geben Sie alles, geben Sie Ihr Bestes, damit Sie zu den Besten gehören und Vorbild für andere sein können.

Da »Könner« wissen, wie man Leistungen vollbringt, können sie auch die Leistungen anderer anerkennen. Falsche Bescheidenheit tötet den genialen Kern im Menschen und seine Kultur. Erfolgreich sein ist für uns kein Zeichen von Egoismus, sondern ein hoher Maßstab innerer Verpflichtung.

**Erfolgreich sein heißt:**

- die Probleme seiner Zeit erkennen
- nach dem Sinn seines Lebens suchen
- bereit sein, Verantwortung zu übernehmen
- an der Entfaltung seiner Persönlichkeit arbeiten
- wertvolle Ziele sein eigen nennen

- Initiative ergreifen
- mit seiner Zeit umgehen können
- Strategien zur Lösung von Problemen entwickeln
- Mut zeigen
- Menschen motivieren können
- mit positiver Ausstrahlung auf andere ausstrahlen
- sich vitaler Gesundheit erfreuen
- wertvolle Freunde besitzen
- das Leben genießen können
- eine positive Einstellung zum Leben und zur Welt haben bzw. entwickeln
- soziales Engagement zeigen

Der Mensch ist das einzige Wesen, das seinen Wert selbst bestimmen kann. Wir erhalten unseren Wert durch den Nutzen, den wir anderen und der Gemeinschaft bringen. Haben Sie einmal über die wertvollsten Menschen der Geschichte nachgedacht? Ein Zitat aus Goethes *Iphigenie auf Tauris* möge Sie inspirieren:

*Ein jeglicher muss seinen Helden wählen,*
*dem er die Wege zum Olymp hinauf sich nacharbeitet.*

**Fragen zur persönlichen Wirkung**

1. Wie schätzen Sie die Wirkung Ihrer Persönlichkeit ein?
2. Liegen Erfahrungen als Redner vor? Wenn keine, warum nicht? Weil keine Gelegenheit? Oder aus Angst?
3. Haben Sie Mut, als Redner zu wirken? Bei beruflichen Anlässen? Im privaten Leben?
4. Welche Urteile wurden von Zuhörern geäußert? Wie war Ihr eigener Eindruck?
5. In welchen Punkten spüren Sie Mängel?
6. Können Sie sich den verschiedenen Menschentypen anpassen? Welchen am leichtesten?
7. Wie sind Sie mit Ihrer Stimme zufrieden? Liegen Äußerungen von Angehörigen, Geschäftsfreunden, Kunden über Ihre Stimme vor? Positive oder negative?
8. Welchen Eindruck hatten Sie von einer eigenen Bandaufnahme?
9. Wie groß ist die Tragfähigkeit Ihrer Stimme?
10. Wie stark ist Ihre Fähigkeit, suggestiv zu formulieren?

# Der Mensch kann nur das, was er gelernt hat

»Leben heißt lernen« ist der Titel eines Buches des Nobelpreisträgers Konrad Lorenz. Er hat viel über Tiere und Menschen nachgedacht und erforscht. Neben erstaunlichen Gemeinsamkeiten fand er auch gravierende Unterschiede. Es beginnt schon bei der Geburt, in den ersten Stunden des Lebens. Jedes junge Tier ist durch seine Instinktausstattung weiter entwickelt und daher überlebensfähiger als der junge Mensch. Natürlich sagt auch die angeborene Fähigkeit dem Baby, wie es saugen muss, aber es braucht diese Fähigkeit nur vorübergehend. Später braucht der Mensch andere Fähigkeiten zum Überleben, wogegen das Tier sein ganzes Leben lang abhängig ist von dem Programm seiner Art.

Wenn der Mensch geboren wird, ist er nicht viel, aber er kann viel aus sich machen. Im *Faust* steht diese Chance beschrieben: »So nimmt ein Kind der Mutterbrust nicht gleich im Anfang willig an, doch bald ernährt es sich mit Lust. So wird es euch an der Weisheit Brüsten mit jedem Tage mehr gelüsten.« Deshalb verstehen Sie meine These: »Alles, was der Mensch kann, kann er nur, weil er das bewusst oder unbewusst gelernt hat.«

Der Mensch ist das lernfähigste Wesen auf dieser Erde – und auch darin liegt der Unterschied zwischen Mensch und Tier. Der Mensch ist das einzige Wesen, das sich selbst und diese Welt verändern kann. Viele Pflanzen und Tiere sind im Verlauf der Evolution ausgestorben. Der Mensch aber hat sich immer höher und weiter entwickelt. Seine enorme Lern- und Anpassungsfähigkeit garantierte sein Überleben bis heute und wahrscheinlich noch viele tausend Jahre. Aber auch das Überleben will nicht nur gewollt werden, sondern es muss auch erlernt werden. Genauso wie man das Zerstören erlernen kann.

Von unseren Eltern erbten wir unseren Körper, unser Gehirn, unser Urwissen, aber nicht die lebensnotwendigen Verhaltensmuster, die uns zu Erfolg oder Misserfolg, zu Glück oder Unglück führen.

Wir alle wissen, wie wichtig die ersten Jahre im Leben eines Menschen sind. Welche Beachtung er findet, welche Erfolge und Misserfolge er erlebt. Die Erfahrungen in den ersten Jahren bilden im Gehirn des Menschen dessen Grundraster. Er lernt durch Nachahmung seiner Vorbilder unbewusst. Erst mit der Schule beginnt das bewusste Lernen, der Intellekt übernimmt jedoch nach wie vor - zum Teil - das Nachahmen. Mit dem Satz: »Nicht für die Schule, sondern für das Leben lernen wir« sollen wir motiviert werden.

Immer mehr Erfahrungen und Informationen über uns selbst und unsere Umwelt speichert in diesen Jahren unser Unterbewusstsein. Es bildete sich unser Charakter, unsere positive oder negative Einmaligkeit. Unser Charakter ist die Summe unserer Erfahrungen, und unsere Fähigkeiten sind die Summe aller gemeisterten Lernvorgänge.

»Der Mensch kann nur das, was er gelernt hat.«

Für den Lebenserfolg ist nicht nur entscheidend, was der Mensch weiß, sondern was er kann. »Wissen ist wenig, Können macht den König.«

Sie erkennen jetzt genau, warum die antiautoritäre Erziehung scheitern musste. Sie ging davon aus, dass der Mensch von allein zum wertvollen und tüchtigen Menschen würde.

Wer mit Messer und Gabel essen kann, hat es gelernt. Wer Fahrrad oder Auto fahren kann, hat es gelernt. Wer Englisch oder Latein sprechen kann, hat es gelernt. Wenn Sie all das durchdenken, beginnen Sie vielleicht, sich selbst noch genauer zu begreifen. Unser Können wurde durch Wiederholungen im Unterbewusstsein programmiert.

Auch wenn Sie Geschicklichkeiten bei Dingen an den Tag legen, die Sie nie vorher geübt haben, selbst wenn Sie völlig neuartige Ideen und Konzepte entwickeln, so basieren auch sie auf der Verknüpfung vorhandener Programmprägungen.

Selbst die größten Erfindungen und Entdeckungen basieren auf der richtigen Kombination von vorhandenem Wissen und Fakten. Durch das wissenschaftliche Erarbeiten von neuen Erfindungen und dem Angleichen und Ergänzen von vorhandenem Wissen sind dann wiederum neue Entwicklungen möglich.

Aber dieser Ablauf ist beim Kleinkind, beim Studenten, beim erfahrenen Wirtschaftler, beim Wissenschaftler, beim Sportler oder Dirigenten gleich: an vorhandenes, echt erlerntes Wissen wird neues Wissen, neue Erfahrungen angeglichen zur Erweiterung und Vertiefung. Wer nie Musik studiert hat, wird nicht plötzlich eine Oper schreiben. Wer nie Skispringen trainiert hat, wird keine Medaille gewinnen. Wer nie Buchführung erlernt hat, weiß nicht, wie eine Bilanz aussieht. Nicht das Wissen, sondern das erlernte Programm steuert unser Verhalten.

Wenn wir noch genauer hinsehen, werden wir feststellen, dass nicht unser Wille, sondern unsere Programme uns lenken und leiten, uns siegen oder untergehen lassen.

Wir erlernten bisher alles, um so zu werden, wie wir jetzt in diesem Augenblick sind. Wir erlernten die Art und Weise, wie wir sprechen und schreiben, die Art uns zu verhalten und zu arbeiten. Wer also gut mit Menschen umgehen kann, kann es nicht, weil es angeboren ist. Wer erfolgreich Mitarbeiter führen kann, kann es nur, weil er es erlernt hat. Gehen Sie einmal diese Reihe beliebig nach Ihren Stärken und Schwächen durch.

Ein aggressiver Mann ist nicht aggressiv, weil er es will, sondern weil sein erlerntes Programm ihn dazu zwingt. Eine lieblose Frau ist nicht lieblos, weil sie es will oder weil sie es für richtig hält, sie wird von ihrem Programm gesteuert.

Ein Sprichwort macht dieses innere Geschehen deutlich. »Gewohnheit ist der König über den Verstand.«

Wenn wir uns ändern oder weiterentwickeln möchten, ist es notwendig, uns selbst zu begreifen, wie wir wurden, was wir sind. Nur wenn wir diesen Mechanismus wirklich verstehen, haben wir eine Chance der Höher- und Weiterentwicklung. So wie es dem Naturprozess der Evolution entspricht.

Das tägliche Leben mit seinen kleinen und großen Problemen und Aufgaben ist unser Betätigungsfeld. Hier stellt sich die Frage, ob wir ein Mensch sind, der Probleme macht – oder ein Mensch, der Probleme lösen will und kann! Hier zeigt sich, ob wir andere Nutzen bringen, oder ob wir sie ausnutzen. So lange wir leben, haben wir die Chance der Innovation, der Weiterentwicklung unseres Könnens.

Eine Fähigkeit, die nicht ständig zunimmt, geht täglich einen Schritt zurück. Viele Menschen interessieren sich für das Blühen der Natur, nur leider nicht für das Erblühen ihrer eigenen Persönlichkeit. Dabei sollte das an erster Stelle stehen. Sehr viele Menschen sind viel zu früh mit dem zufrieden, was sie erreicht haben. Sie haben sich so an sich und ihre Situation gewöhnt, dass ihnen das Vorstellungsvermögen einer stetigen Weiterentwicklung fehlt.

»Lernen ist wie Rudern gegen den Strom«, sagt der englische Komponist Benjamin Britten, »sobald man damit aufhört, treibt man zurück.« Aber das merken viele Menschen leider erst viel zu spät.

*Die Maxime der Erfolgreichen aber besagt: »Werde der, der du in Wirklichkeit bist.« Oder wie Goethe es beobachtete: »Kein Mensch will etwas werden, jeder will schon etwas sein.«*

Wir alle kennen die Macht der Gewohnheit und wissen, es gibt gute und schlechte Gewohnheiten. Ein erfolgreicher Mensch hat durch Fleiß, Übung und Wiederholung perfekte Programme gespeichert, auf die er sich verlassen kann. Ein unruhiger und unsicherer Mensch dagegen muss bei all dem, was er tut, zunächst seine negativen Programme überwinden. Das kostet Zeit und Lebensenergie.

Gewohnheit heißt die große Lenkerin des Lebens. Daher sollten wir uns täglich bemühen, gute Gewohnheiten einzuprogrammieren. Die Gewohnheit in uns ist eine weise Einrichtung der Natur, um Arbeit und Nachdenken, Willensanstrengung und Zeit zu sparen. Indem unser Handeln harmonisch und automatisch wird, spart uns die Gewohnheit die Kraft für alle neuen Arbeitsvorgänge. Die Gewohnheit spart Nachdenken, indem sie die Kontrolle des Sprechens von den willkürlichen Hirnpartien auf die unwillkürlichen überträgt, z. B. in einer Verhandlung oder beim Reden. Positive Gewohnheiten – also alles, was wir positiv erlernt und uns angeeignet haben – steuern unser gesamtes Verhalten. Sie geben uns die Möglichkeit und Voraussetzung, ein Leben lang erfolgreich zu bleiben. Negative Gewohnheiten verursachen nicht nur permanente Misserfolge, sondern auch Disharmonien und Krankheiten. Da die Speicherkapazität unseres Unterbewusstseins ausreicht, um 100 000 Jahre alt zu werden, haben wir täglich die Chance, uns zu verbessern und genialer zu werden. Die Lernfähigkeit ist abhängig von unserer geistigen Haltung und nicht von unserem Alter.

Pianisten, Geiger und Artisten zeigen uns z. B., wie präzise der Mensch, der Höchstleistungen erstrebt, sein Unterbewusstsein trainieren kann. Das Fernsehen und das Internet geben uns täglich die Möglichkeit, Spitzenleistungen zu studieren, ganz gleich auf welchem Gebiet. Doch die sie erbringen, wirken nicht müde oder erschöpft, sondern selbstbewusst und heiter.

Gerade die Zeit der Jahreswende ist eine ideale Gelegenheit, persönlich Bilanz zu ziehen, um sich anschließend vorausschauend die Frage zu stellen: »Was sollte ich im nächsten Jahr verbessern, um noch erfolgreicher und gesünder, noch glücklicher zu werden?«

Erarbeiten Sie bitte einen genauen Trainingsplan für jeden Monat. Natürlich dürfen Sie ihn, wenn es Umstände erfordern, verbessern oder umgestalten. Bevor Sie mit dem Training Ihres Unterbewusstseins beginnen, sollten Sie wissen, was Sie wirklich erreichen, was Sie verbessern möchten. Sei es eine bessere Aussprache oder eine klangvollere Stimme, ein besseres Namensgedächtnis oder freies Auftreten. Auch eine verfeinerte Planungstechnik, eine bessere Haltung oder eine größere Belastbarkeit sind gute Gewohnheiten, die trainiert werden können.

Was wir in der täglichen Existenzbehauptung brauchen, ist der Erfolgscharakter. Sie wissen, Erfolg ist eine Frage unseres Charakters. Menschen, die mit anderen umgehen und sie glücklich machen können, haben diese Fähigkeit nicht ererbt, sondern erworben. Also könnte der positive Umgang mit anderen auch ein interessantes Trainingsgebiet für die Zukunft sein.

Er hat einen grünen Daumen, sagt man von einem Menschen, bei dem die Pflanzen erblühen. Er hat eine glückliche Hand, sagt man von einem, dem alles gelingt, was er anfängt. Das sollte Ihr Ziel sein: der fachliche »grüne Daumen« und die glückliche Hand bei allem, was Sie beginnen. Trainieren Sie Ihr Unterbewusstsein, um diesem Ideal immer näher zu kommen.

*»Würden die Menschen danach streben,*
*sich selbst zu vervollkommnen,*
*statt die ganze Welt zu retten.*
*Würden sie versuchen,*
*selbst innerlich frei zu werden,*
*statt die ganze Menschheit zu*
*befreien – wie viel hätten sie getan*
*zur wahrhaften Befreiung*
*der ganzen Menschheit.«*

(aus dem alten China)

# Die Kunst der Selbstbeeinflussung

*»Nichts ändert sich, außer wir ändern uns.« Indem wir uns ändern, ändert sich unsere Umwelt. Natürlich mit einer gewissen Zeitverzögerung. Der Anfang in diesem vernetzten Prozess liegt jedoch immer bei uns.*

Glücklicherweise gibt es noch viele glückliche und erfolgreiche Menschen. Aber weder die Glücklichen noch die Unglücklichen stellen sich die Frage, warum sie das eine oder andere sind. Zu leichtfertig glauben die meisten an den Zufall und die Fortune. Und so warten oder resignieren sie, statt den Zufall auszuschalten.

Doch bevor Sie an die praktische Verwirklichung gehen, sollten Sie die Maschine, die uns alle lenkt und leitet, genau kennen und begreifen. Nicht der Wille, sondern die Erkenntnis macht uns frei.

Unser Leben ist ein Prozess gegenseitiger Beeinflussung. Dieser Prozess beginnt im Augenblick der Zeugung.

Augen, Haarfarbe, Körpergröße, Mentalität und vieles andere vererben wir von unseren Eltern. Wenn ein Baby dann nach neun Monaten Entwicklung glücklich, wie wir sagen, das Licht der Welt erblickt, hat es von der Natur alles mitbekommen, um zu überleben. Es muss natürlich weiter wachsen, lernen und sich entfalten. Das Wort »entfalten« ist dabei besonders wichtig. Nehmen wir es wörtlich, so heißt Entfaltung: etwas entfalten, was vorher eingefaltet war. Das ganze Leben sollte von Stufe zu Stufe ein Entfaltungsprozess sein.

Was bekommt so ein Baby für seinen Lebensweg mit: den ganzen Körper, sein Gehirn, sein Nervensystem, seine Sinnesorgane, sein Urwissen und vor allem – ein leeres Gedächtnis. Wir alle bekamen bei unserer Geburt einen fast leeren Speicher mit, der sich zu unserem Gedächtnis, zu unserem ureigenen Privatarchiv entwickelte.

Das Gehirn des heranwachsenden Kleinkindes wird zu einem Empfänger vorgefasster Meinungen. Es kann nicht anders, als alle Informationen weiterzuleiten, zu speichern und zu verrechnen, die die Sinne reizen. Natürlich völlig unbewusst – ohne jedes persönliche Zutun, ohne die Chance der Wahl. Denn das Kleinkind kann noch nicht entscheiden, was richtig und was falsch, was positiv oder negativ, was aufbauend oder zerstörerisch ist. Es will nicht, sondern es muss alle Informationen der Umwelt aufnehmen und speichern. Gerade in den ersten Lebensjahren werden die Gleise gelegt, auf denen der Lebenszug weiterfahren wird, sowohl im Positiven wie im Negativen.

Jeder von uns repräsentiert heute das Gesamtergebnis seiner individuell gespeicherten Informationen. Vom ersten Tag seines Lebens bis zum heutigen.

Der Inhalt unseres Gehirns wurde also erst durch die Erlebnisse nach unserer Geburt programmiert.

Sie erkennen daran sehr deutlich: Das ganze Leben ist ein Prozess gegenseitiger Beeinflussung. Denn auch Sie beeinflussen Ihre Umwelt. Wie man diesen gegenseitigen Prozess zum Besten handhabt, lehrt uns – seit den alten Griechen – die Rhetorik. Sie ist die Kunst der Fremdbeeinflussung. Zu einem aufbauenden Lebensweg gehört jedoch auch die Kunst der Selbstbeeinflussung. Sie ist der Königsweg der Schicksalslenkung.

Jeder seelisch gesunde Mensch möchte erfolgreich sein. Er kennt den Satz »Wissen ist Macht« und studiert alles Mögliche, ohne zu bedenken, dass Wissen auch totes Kapital sein kann. Wir sollten uns deshalb die Frage stellen:

»Welches Wissen verleiht wirklich Macht?«

Wenn Sie eine Ihrer Fähigkeiten verdreifachen könnten – welche würden Sie wählen? Das ist keine leichte, aber für unser Leben eine äußerst wichtige Frage. Da das ganze Leben ein Prozess gegenseitiger Beeinflussung ist, sollte in Ihrem Wunsch die Fähigkeit zu beeinflussen, zu lenken, zu leiten und zu motivieren zum Ausdruck kommen. Das ganze Leben ist ein Prozess gegenseitiger Beeinflussung – auch Glück in der Liebe und eine gute Beziehung zu den Kindern ist das Ergebnis von positiver Beeinflussung. Betrachten Sie einmal die Lebens- und Entscheidungsvorgänge unter diesem Aspekt.

Jeder von uns ist ein Teil des Ganzen. Damit ist er für sich – und für seine Aufgabe im Ganzen – verantwortlich. Der Biologe Dr. Frederic Vester bestätigt diese Grunderkennntnis in seinem Buch *Die Welt, ein vernetztes System*. Alles ist mit allem verbunden und in Kontakt. Aus den vorgenannten Erkenntnissen ergeben sich für unseren Lebensweg **zwei praktische Möglichkeiten**. Die erste: Wir verändern und dominieren unsere Mitmenschen, werden im wahrsten Sinne des Wortes Antreiber und machen uns immer unbeliebter, bis wir uns selbst nicht mehr ausstehen können. Siebzig Prozent der Führungspersönlichkeiten gehen diesen Weg. Erfolge erreichen sie durch blaue Flecken an den Ellenbogen.

Für den philosophisch denkenden Menschen gibt es den zweiten, den indirekten Weg: Er arbeitet an sich, seiner Persönlichkeit und seiner Ausstrahlung. Er lebt und agiert aus der Erkenntnis heraus: »Nichts ändert sich, außer ich ändere mich.«

In einem vernetzten System verstehen wir diesen Prozess mit seinen Erfolgen. Durch unsere positive Wirkung auf die Umwelt und durch die eintretende positive Rückkoppelung werden immer neue positive Wirkungsketten entstehen. Sie warfen einen Stein ins Wasser, der Kreise bildet, die immer größer werden und nach einer gewissen Zeit wieder zum Ursprung zurückkommen.

Bei unserer Geburt hatten wir von den Eltern unsere fünf Sinne geerbt. Sie haben die Aufgabe, alle Informationen der Außenwelt an unsere Innenwelt zu vermitteln. Nur durch diese Informationen der Sinne kann sich in unserem Inneren ein Bild der Außenwelt bilden. Zwei Sinne spielen bei diesem Prozess eine Hauptrolle. Das Sehen der Augen und das Hören der Ohren. Von beiden Informationswegen ist das Ohr der wichtigere Informationskanal.

Unsere Entscheidungen, unser Denken und Handeln sowie die Gestaltung unseres ganzen Lebensweges ist abhängig von den gespeicherten positiven und negativen Informationen, dabei sind wir abhängig von den Informationen, die wir in der Vergangenheit bewusst oder unbewusst aufgenommen haben. Frei sind wir jedoch in der Wahl der Informationen, die wir heute und in der Zukunft bewusst speichern wollen.

Von Archimedes, dem bedeutendsten Mathematiker der Antike, kennen wir den Gedanken: »Gebt mir einen Punkt, und ich werde die Welt aus ihren Angeln heben.« Diese Erkenntnis ist der Dreh- und Angelpunkt auf dem Wege in eine größere Freiheit und damit in eine selbstgewählte Zukunft.

Unser Gehirn ist in der Lage, Gedanken zu produzieren. Diese Gedanken stellen ein enormes Kräftepotenzial dar. Kräfte sind Energien, die etwas bewegen oder verändern können. Je stärker ein Gedanke ist, umso größer ist eine Energie, um die Zukunft zu gestalten.

Auch Angst ist ein Gedanke – Hoffnung ist ein anderer. Es gibt hasserfüllte, kriegerische und zerstörerische Gedanken. Es gibt aufbauende, optimistische und zuversichtliche Gedanken. Umso stärker sie sind, umso größer ist ihre Energieschubkraft.

Das 2. Denkgesetz zeigt uns die Möglichkeiten des Denkens:

»Am Anfang jeder Tat steht die Idee. Nur was gedacht wurde, existiert.« Und das 10. Denkgesetz macht unsere Denk-Freiheit deutlich: »Durch eine gezielte Entscheidung kann die Aufmerksamkeit auf jeden ausgewählten Punkt gelenkt werden.« Worte sind hörbare Gedanken. Jeder Mensch, hat die Macht, durch die Kraft seiner Worte unglückliche Zustände zu ändern.« Das 4. Denkgesetz weist uns den Weg zu einer erfolgreichen Praxis: »Das Unterbewusstsein – die Baustelle des Lebens und der Arbeitsraum der Seele – hat die Tendenz, jeden Gedanken zu realisieren. Alles, was werden soll, was entstehen und was sich entfalten will, benötigt einen Anfang.« Dass alles Große aus dem Kleinsten gewachsen ist, wird uns im 5. Denkgesetz deutlich: »Aus dem kleinsten Gedankenfunken kann ein leuchtendes Feuer werden.«

Die bewusste, aktive Autosuggestion ist die konsequente Methode, die Kräfte und Fähigkeiten des Unterbewusstseins zu nutzen und nach unserem Wollen zu lenken. Die aktive Autosuggestion ist eine gezielte Programmierung und befreit uns von den negativen Erlebnissen der Vergangenheit. Die automatischen Gedanken, unser Autopilot, wird neu programmiert.

Da der Glaube Berge versetzen kann, ist es für jeden vorwärtsstrebenden Menschen notwendig, in sich einen unerschütterlichen Glauben auszubauen: Den Glaube an sich, seine Chancen und seine Zukunft. Mit der Autosuggestion:

*Ich kann, was ich will.*

»Ich bin fest entschlossen, meinem Leben Wert und Sinn zu geben; denn ich weiß, was ich will. Ich habe einen starken Willen und kann mich gut konzentrieren. Misserfolge können mich nicht verunsichern; denn ich kann, was ich will. Meine Konzentrationskraft vertreibt meine Unruhe. Ich kann mich immer besser auf meine Ziele konzentrieren. Warum sollte ich nicht mehr erreichen, als andere mir zutrauen. Ich muss nur an mich glauben, dann erwachen meine Kräfte und alles wird leicht. Ich bin glücklich, denn ich weiß, ich kann, wenn ich will.«

Durch regelmäßige Wiederholungen entwickelt die Programmierung eine gewaltige Kraft. Wie bei jeder anderen Disziplin gilt auch hier, je mehr man sich damit aktiv beschäftigt, umso größer wird der Erfolg. Je stärker die Hingabe ist, mit der wir regelmäßig üben, umso tiefer sinkt die Programmierung in uns hinein. Sie erzeugt in unserer Tiefe ein starkes Echo. Wir überwinden unsere Unbeweglichkeit und setzen Wachstumsreize. Negative Gewohnheiten werden überwunden. Wir wachsen, entfalten uns, und unsere Persönlichkeit stabilisiert sich. Wir erlangen geistige Freiheit.

Worte sind der Ausdruck des Willens. Sie hinterlassen im Unterbewusstsein tiefe Eindrücke. Deshalb ist die gesprochene Programmierung eine dynamische Übung, mit deren Hilfe wir alles Negative in uns verwandeln können: Unsicherheit in Sicherheit und Nervosität in Konzentration. Wir müssen lernen, unsere ungeheueren Reserven an Willenskraft, Intelligenz und Gesundheit zu mobilisieren. Gerade bei Krankheiten, Beschwerden oder Misserfolgen ist die aktive Programmierung von großem Nutzen. Sie lenkt die Aufmerksamkeit von der Krankheit auf die Heilung, vom Versagen auf das Gelingen. Der innere Arzt wird aktiviert.

In schwierigen Lebenssituationen kann es geschehen, dass die immer gleichen negativen Gedanken im Kopf herumkreisen. Wie bei einer

Schallplatte mit einem Sprung. In solch schwierigen Situationen helfen keine Pillen, sondern nur die aktive dynamische Autosuggestion! Um die positive Wirkung zu verdeutlichen, dazu ein Zitat von Mahatma Gandhi:

»Die Autosuggestion wird Stab und Stütze unseres Lebens. Sie trägt uns durch jede schwere Prüfung. Man wiederholt nicht nur um der Wiederholung willen, sondern zum Zwecke der Reinigung. Als eine Hilfe in unserem Bemühen. Die ständige Wiederholung ist darum keine sinnlose Wiederholung; denn bei jeder Wiederholung ergibt sich eine neue Bedeutung. Jede Wiederholung bringt uns unserem Ideal immer näher!«

Erst durch die ständige Wiederholung erhalten wir einen Zugang zu den eigenen tiefliegenden Kräften. Die Autosuggestion ist eine dynamische Konzentrationsübung. Wir überwinden unsere innere Ruhelosigkeit, die unseren eigentlichen Stress, unsere Überanstrengung ausmacht. Die dynamisch und aktiv gesprochene Autosuggestion führt zur Beherrschung des Geistes. Sehr viel Lebenskraft vergeuden wir durch Unschlüssigkeit und Wankelmut, weil unser Denken ständig hin und her schwankt und wir zu keiner Entscheidung kommen.

Unsere besten Kräfte können dadurch nicht wirksam werden. Wir müssen unseren Willen allmählich stärken und trainieren. Die Kraft, die sich in uns befreit, ist der Schlüssel zu einem selbstbewussten Leben. Verwenden Sie daher auf die Wahl Ihrer Suggestion besondere Sorgfalt. Haben Sie einmal Ihre Autosuggestion ausgewählt oder erarbeitet, sollten Sie konsequent dabei bleiben. Nur Ausdauer und Wiederholung garantieren den Erfolg.

Ein Baum, der zu oft verpflanzt wird, kann keine tiefen Wurzeln schlagen. Wenn ein Mensch seine Programmierungen ständig wechselt, ist es, als würde ein Bauer an zehn verschiedenen Stellen nach Wasser graben.

Natürlich braucht es eine gewisse Zeit, bis die Suggestionen reifen. Wir sind also nicht enttäuscht, wenn wir nach den ersten Übungen nicht gleich in einen Taumel der Freude und des Erfolgs geraten. Wir lassen uns nicht entmutigen; denn es kommt der Augenblick, in dem wir die Veränderung unseres Lebens erfahren. Eine Autosuggestion ist mehr als ein positiver Spruch. Sie ist eine dynamische Kraft! Zuerst wirkt sie nur an der Oberfläche des Bewusstseins, aber wenn wir sie regelmäßig mit nie nachlassender Begeisterung wiederholen, dringt sie bis zu den Quellen unserer magischen Kräfte vor. Die wachsende Sammlung unserer Kräfte befreit unsere Fähigkeiten aus dem Grund unserer Seele.

Die tief in unserem Inneren liegende Kraft wird durch die Autosuggestion befreit und gestärkt.

Wie muss nun Ihre tägliche Praxis aussehen? Sie sollten einmal am Tage die Programmierung viermal hintereinander sprechen, mit stark beseelter Stimme, so ausdrucksvoll wie möglich. Die Wirkung tritt beim Üben und Wiederholen ein, auch wenn Sie nicht daran glauben. Selbst die Abwehrkräfte und Ihr Hormonsystem werden aktiviert.

Sechs Vorteile haben Sie durch das regelmäßige Training mit einer Autosuggestion:

1. Sie entdecken Ihre eigenen Stärken.
2. Sie aktivieren Ihre Willens- und Nervenkraft.
3. Sie verbessern Ihre Konzentrationsfähigkeit und aktivieren Ihr Gedächtnis.
4. Sie verbessern Ihre Aussprache.
5. Sie programmieren Ihr Unterbewusstsein, selbst Ihre Ziele und Wünsche zu verwirklichen.
6. Sie aktivieren Ihre Suggestivkraft, d.h. stärken Ihre Wirkung auf andere.

Durch die Arbeit an sich selbst entwickelt sich in Ihrem Inneren eine Kraft zur Weiter- und Höherentwicklung. Sie wachsen über sich hinaus. Sicherheit und Erfolg werden Ihre ständigen Begleiter, weil Sie gegen Unglück und Misserfolg immun werden. »Wer Wunder will«, sagt Goethe im *Faust*, »verstärke seinen Glauben.« Wenn sich Ihr Leben in wundervoller Weise verwandeln soll, müsen Sie üben und Ihren Vorsätzen treu bleiben.

Im 13. und 14. »Denkgesetz der Lebensentfaltung« heißt es:

»Die ständige Wiederholung einer Idee wird erst zum Glauben – dann zur Überzeugung.« »Glaube führt zur Tat. Konzentration führt zum Erfolg, Wiederholung zur Meisterschaft.«

# Fragetechniken

*Wer viel fragt, bekommt viel Antwort*
*Wer richtig fragt – bekommt die richtige Antwort*

Es kommt auf die richtige Fragetechnik und die Fragearten an, damit man die richtige Antwort bekommt. Ein gutes Gespräch ist immer ein Beeinflussungsgespräch – besteht nicht aus einer einseitig vorgetragenen Meinung, sondern immer aus einem Zwiegespräch zwischen Frage und Antwort. Fragen sind Impulse für eine Aktivierung. Sie dienen dem Aufspüren, dem Lenken und dem Leiten von Meinungen. Sie sind schließlich das Suggestiv-Instrument, das zur Entscheidung führt.

Werfen Sie einem Kind einen Ball zu – dann wird es ihn auffangen. Genauso ist es mit den Fragen: Werfen Sie Ihrem Gesprächspartner eine Frage zu, wird er sie beantworten und Ihnen den Ball zurückwerfen.

Durch dieses Frage-Antwortspiel kommt es zu einer Zusammenarbeit und zu einem Informationsaustausch. Die Art der Antwort bestimmen Sie als Fragender jedoch selbst durch die Art Ihrer Fragen. Lernen Sie deshalb die Fragetechniken; denn Sie entscheiden darüber, was Sie im Leben alles erfahren werden und erreichen können.

*1. Informationsfragen*

Wer informatorische Fragen stellt, benötigt Wissen, Erfahrungen und Einzelheiten von dem anderen. Es geht ihm um Informationen, die er zusammenfügt, um sich einen Überblick zu verschaffen. Informationsfragen sind immer offene Fragen. Das heißt, man fragt nach einer Sache – oder nach einem Sachverhalt, die der andere informierend erklärt.

*2. Kontrollfragen*

Kontrollfragen sind bei jedem Gespräch wichtig, um zu erfahren, ob der andere noch zuhört, ob er einen versteht und ob er bis hierher noch positiv gestimmt ist. Die einfachsten Fragen sind:

- »Was meinen Sie dazu?« oder
- »Sind Sie nicht auch meiner Meinung?« oder
- »Finden Sie nicht auch, dass es sich um eine gute Sache handelt?«

An der Reaktion merken Sie, ob Ihnen Ihr Gesprächspartner folgt. Wenn Sie merken, dass hier bereits eine Abwehr oder ein Unverständnis vorhanden ist, gehen Sie in Ihrem Gespräch wieder einige Schritte zurück.

*3. Orientierungsfragen*

Orientierungsfragen stellt man auch, um festzustellen, was der andere bisher von der eigenen vorgebrachten Meinung und Absicht hält. Einfache Fragen dieser Art sind:

- »Haben Sie noch eine Frage hierzu?« oder
- »Wie ist Ihre Meinung zu diesem Punkt?« oder
- »Welche Erfahrungen haben Sie hierbei gemacht?« oder
- »Habe ich mich in diesem Punkt klar ausgedrückt, und haben Sie verstanden, was wir damit bezwecken wollen?«

Natürlich müssen Sie als Fragender nach diesen Orientierungsfragen schweigen und den anderen zu Worte kommen lassen. Lassen Sie ihm Zeit. Er muss sich konzentrieren, muss seine Gedanken ordnen und muss selbst ja erst einmal zu einer Meinung kommen. Aber stellen Sie unbedingt Fragen solcher Art, bevor Sie ein schwieriges Gerät oder eine komplizierte Serviceleistung lang und breit erklären und der andere schon nach Ihrem fünften Satz von Ihnen geistig abgeschaltet hat. An der Antwort nach einer solchen Orientierungsfrage merken Sie deutlich, was der andere verstanden hat und welche Bereitschaft er Ihnen und Ihren Argumenten entgegenbringt.

*4. Ja-Fragen*

Bejahungsfragen stellt man, damit man auf einen gleichen Level kommt. Wenn Ihr Gegenüber Ihnen fünfmal zugestimmt hat, wird er Ihnen bei der entscheidenden sechsten Frage kein Nein entgegenschleudern. Bei den Engländern kann man folgendes beobachten: Sie beginnen grundsätzlich jedes Gespräch mit dem Austausch über das Wetter. Ist man sich erst einmal in diesem Punkt einig, kann man es auch leichter in allem Folgenden sein. Man sollte in jedes Gespräch Ja-Fragen einstreuen; denn es muss immer wieder das Verbindende betont werden und nicht das Trennende.

Die »Ja-Frage«-Form wurde übrigens von Sokrates geprägt. Gehen Sie also bei Ihren Gesprächen ebenfalls philosophisch vor und fragen Sie in etwa:

- »Ich bin sicher, dass Sie hier zustimmen.« oder
- »Sie wollen doch sicher auch ...« oder
- »Sie sind mit mir doch der Meinung, dass ...« oder
- »Sicher sind Sie doch auch darüber glücklich, dass ...«

*5. Öffnende Fragen*

Öffnende Fragen sollen – wie ihr Name sagt – den Gesprächspartner öffnen. Es müssen also auch offene Fragen sein, auf die er nicht nur mit Ja oder Nein antworten kann. Beispiele sind:

- »Wie sind Sie bisher mit dieser Maschine zufrieden?«
- »Wie viele Jahre arbeiten Sie jetzt damit?«
- »Welchen Nutzen würden Sie von einer neuen Maschine erwarten?«
- »Welches sind Ihre Ziele?«

*6. Gegenfragen*

Obwohl es eigentlich unhöflich ist, eine Frage mit einer Gegenfrage zu beantworten, ist es jedoch gleichzeitig ein geschicktes psychologisches

Verkaufsinstrument, um den anderen mit seinen eigenen Argumenten zu überzeugen. Beispiel:
*Kunde:* »Was kostet dieses Gerät?«
*Verkäufer:* »Das kommt ganz darauf an, für welche Version Sie sich entscheiden. Die Version A hat den Vorteil, dass Sie ... Die Version B hat die zwei Vorteile, dass Sie ... Mit dem Zusatzgerät können Sie außerdem folgenden Zusatznutzen erzielen ... Welches Gerät nun glauben Sie also wäre für Sie am geeignetesten?«
*Kunde:* »Ja, für mich käme dann schon die Maschine mit dem Zusatzgerät in Frage. Was kostet mich das dann?«
*Verkäufer:* »Könnten Sie sich vorstellen, Ihre Kaufentscheidung bis 31. Dezember dieses Jahres zu fällen, dann würden Sie noch den diesjährigen Preis von uns erhalten, da wir ab Januar erhöhen werden? Außerdem hätten Sie dann die steuerlichen Abschreibungen noch für dieses Jahr mit 30 %. Ist das nicht interessant für Sie?«
*Kunde:* »Das könnte für mich schon interessant sein, aber ich müsste wissen, was dieses Gerät kostet?«
*Verkäufer:* »Bevor ich Ihnen diese Frage deutlich beantworten kann, würde ich gerne wissen, ob Sie für das Gerät auch einen Servicevertrag abschließen würden, da dieser sich natürlich kostensenkend auswirkt und Sie die absolute Sicherheit haben, stets ein gewartetes Gerät zu haben und jederzeit unsere Serviceabteilung bei Fragen anrufen zu können.«

Sie merken bereits, dass Sie mit richtig gestellten Fragen zu einer weiteren Einengung des Gespräches kommen und den anderen immer mehr zu dem Punkt führen, wo er endgültig ja sagt, weil er es vorher ja schon stufenweise getan hat.

*7. Alternativfragen*

Alternativfragen bieten dem Gegenüber mehrere Möglichkeiten und Wege an. Die Zahl der gestellten Alternativen darf aber höchstens drei sein. Alternativ-Fragen sollen zu schnellen Entscheidungen führen. Das Wörtchen »oder« ist dabei meistens der Hauptbestandteil:

- »Welcher Besprechungstermin würde Ihnen am besten passen: Montag um 12.30 Uhr *oder* Mittwoch um 14.00 Uhr *oder* Dienstag um 16.15 Uhr?«
- »Welche Farbe würde Ihnen am besten gefallen, gelb *oder* rot *oder* grün?«
- »Wann soll ich Sie zu diesem Punkt erneut anrufen, im März *oder* Mai *oder* im Juni nächsten Jahres?«

*8. Gleichpolige Fragen*

Diese sind weiter nichts, als dass man die Frage eines Partners zum Zeichen des Verständnisses wiederholt und dann erst beantwortet. Die Wirkung ist zweierlei:

Man gibt dem Fragenden das Gefühl, seine Frage wirklich richtig verstanden zu haben – und selbst hat man die Möglichkeit, die Antwort etwas besser zu überlegen.

*9. Bestätigende Fragen*

Mit der Bemerkung »Das ist eine sehr gute Frage« geben Sie Ihrem Gegenüber das Gefühl, überlegt zu fragen und dem Gespräch sehr gut zu folgen. Eine andere Möglichkeit ist: »Es freut mich, dass Sie mir diese Frage stellen.« Oder: »Dass Sie mir diese Frage stellen, beweist mir, dass Sie ...«

Als guter Rhetoriker sollten Sie die bestätigenden Fragen immer wieder einwerfen, denn nichts *bestätigt* Ihren Gesprächspartner mehr, als er sich selbst.

*10. Dirigierende Fragen*

Der Dirigent eines Orchesters gibt einem Musiker oder einem Teil des Orchesters Einsätze oder Unterstreichungen oder Hervorhebungen. Er schwächt ab oder reißt hoch. Genauso sollten Sie als Frager die Richtung des Gespräches in der Hand behalten und in die Richtung lenken, in die Sie es wollen. Lassen Sie sich nicht von dem anderen die Richtung aufzwängen. Plötzlich ist die Zeit um – und Sie sind noch immer am Anfang des Gespräches, statt bei der entscheidenden Abschlussfrage.

*11. Provozierende Fragen*

Provozieren heißt herausfordern. Wer provozierende Fragen stellt, muss sich der Herausforderung bewusst sein. Mitunter ist sie aber notwendig, um wirklich herauszufinden, ob der andere nur umgekehrt provozieren will – oder einen Sachverhalt nicht richtig dargestellt hat. Beispiele:

- »Glauben Sie wirklich, dass Sie mit Ihrer Maschine noch in den nächsten drei Jahren konkurrenzfähig sind?«
- »Sind Sie sicher, dass Sie zu diesem Preis noch lange den Artikel XY einkaufen können?«

*12. Eröffnungsfragen für Verhandlungen und Reden*

Eine geschickte Frage zum Anfang ist immer ein dynamischer Start. Partner und Publikum werden sofort aufmerksam und nehmen eine positive Erwartungshaltung ein. Beispiele:

- »Wenn ich Ihnen die Lösung zu einem täglichen betrieblichen Problem nennen könnte, hätten Sie dann sieben Minuten Zeit für mich?« oder
- »In Ihrem Betrieb entstehen täglich viele Fehlzeiten durch ... Darf ich Ihnen eine Lösung dazu vorschlagen?« oder
- »Sie arbeiten sehr hart, um Ihren Lebensunterhalt zu verdienen – und um zusätzlich im Alter ein Sicherheitspolster zu haben. Wenn ich Ihnen zwei Wege zeige, die aus Ihrem Geld mehr Geld machen, ohne dass es an Sicherheit verliert, wären Sie daran interessiert?«

*13. Abschlussfragen*

Abschlussfragen haben das Ziel, bewusst und unbewusst ein Gespräch abzuschließen. Am besten gehen ein paar Ja-Fragen voran, die Sie mit einem freundlichen Lächeln begleiten sollten und möglichst dabei von sich aus zustimmend mit dem Kopf nicken. Beispiele:

- »Konnte ich Sie überzeugen, welche Vorteile diese Maschine für Ihr Unternehmen bringt?«
- »Haben Sie sich überzeugt, wie einfach das Gerät zu bedienen ist?«
- »Haben Sie als Fachmann bemerkt, wie gut dieses Gerät Ihren räumlichen Verhältnissen angepasst ist?«
- Und nun leiten Sie ohne Übergang zur Abschlussfrage über:
- »Welcher Aufstellungstermin wäre für Sie der geeignete, der 15. November oder der 15. Dezember?«
- »Dürfen wir Sie durch eine kleinere Erstbestellung von unserer Qualität überzeugen, oder möchten Sie gleich Ihre erforderliche Papiermenge bestellen?«
- »Welches Kostüm darf ich Ihnen einpacken, das grüne oder das gemusterte?«

Bereiten Sie sich auf jedes wichtige Gespräch vor. Wenn Sie viel erfahren müssen, schreiben Sie sich die wichtigsten Fragen in der Reihenfolge auf, damit Sie nachher den Sachverhalt kennen. Wenn Sie etwas verkaufen wollen, legen Sie sich im Voraus genau fest:

- Wie werde ich das Gespräch eröffnen?
- Wie werde ich argumentieren?
- Welche Einwände sind zu erwarten?
- Wie werde ich sie widerlegen?
- Mit welchen besonderen Schwierigkeiten ist zu rechnen?
- Welche Abschlussargumente benötige ich?

# Die Gesetze der Suggestion

Wer die Geschichte des Menschen kennt, weiß, dass es oft viele hundert Jahre gedauert hat, bis sich neue Erkenntnisse durchsetzen konnten. Wir erkennen daran, dass es nicht nur auf die Richtigkeit einer Idee ankommt, sondern auf die vorherrschende Meinung und die Festigkeit der Vorurteile. Wenn wir diese Erkenntnis auf unser Leben übertragen, bedeutet das: Qualifiziert, begabt oder genial zu sein genügt allein nicht, um sich durchzusetzen. Gerade der Qualifizierte, der Begabte steht täglich vor der Frage, was er tun oder lassen muss, um zum Erfolg zu kommen?

Wenn wir unsere Yin-Yang Figur betrachten, erkennen wir auf der einen Seite die Kräfte der Beharrung und auf der anderen Seite die Kräfte des Wachstums. Wenn wir die Kräfte der Wachstumsenergie nicht ganz gezielt für uns nutzen, wird der Erfolg unseres Lebens ausbleiben. Viele Menschen sind enttäuscht und verbittert, weil es für sie unbegreiflich ist, dass sich andere mit geringerer Qualifikation durchsetzen und größeren Erfolg in ihrem Leben haben als sie selbst.

*Erfolgreiche Menschen haben Suggestivkraft*

Bei einem Blick ins Geschichtsbuch können wir feststellen, dass alle Menschen, die »Geschichte gemacht haben«, Persönlichkeiten mit einer starken Suggestivkraft waren. Menschen dagegen, die ihre Ziele und Ideen nicht durchzusetzen in der Lage waren, fehlte die Überzeugungskraft und die Fähigkeit der Motivation für ihre Pläne und Ideen.

Viele Menschen versagen nur deshalb im Lebenskampf, weil es ihnen an Suggestivkraft fehlt. Diese Menschen sind rege und fleißig, doch der gewünschte Erfolg bleibt ihnen versagt.

Sich zu behaupten, ist daher das Grundproblem aller Menschen. Was nutzen einem Menschen seine besten Gefühle, wenn er den Partner nicht für sich gewinnen kann? Was nutzt einer Mutter alle Liebe, wenn sie das Kind nicht führen, nicht erziehen kann? Was nutzt einem Lehrer alles Wissen, wenn er nicht imstande ist, die Kinder zu interessieren? Was nutzen einem Verkäufer die besten Waren, wenn er nicht in der Lage ist, seine Kunden zu überzeugen? Was nutzt einem Chef das ganze Unternehmen, wenn er die Menschen, für die er verantwortlich ist, nicht sicher führen kann? Was nutzen einem Politiker die besten Konzepte für eine sichere Zukunft, wenn er die Menschen nicht von deren Richtigkeit überzeugen kann? Sie werden erkennen, dass das Studium der Gesetze der Suggestion und der Beeinflussung nicht nur das Fesselndste, sondern auch zugleich das Nützlichste ist, was Sie sich vorstellen können.

*Was passiert bei der Fremdsuggestion?*

Bevor wir uns tiefer mit den Gesetzen der Suggestion beschäftigen, wollen wir eine Begriffsdefinition vornehmen: Im Lexikon steht unter Suggestion: »Beeinflussung eines Menschen durch einen anderen mit dem Ziel, bestimmte Entscheidungen oder Urteile hervorzurufen.« Voraussetzung sind Vertrauen und ein Gemeinschaftserlebnis. Durch Suggestion lassen sich viele physische und körperliche Vorgänge eingreifend beeinflussen. Die Suggestion ist zweifellos die älteste Form seelischer Krankenbehandlung. Mit den Methoden der Suggestion arbeitet die Werbung, wenn sie Kaufentschlüsse hervorrufen will. Als Massensuggestion bezeichnet man die politische Propaganda.

*Was passiert bei der Autosuggestion?*
Autosuggestion ist Selbstbeeinflussung mit dem Ziel, seinen Willen und seine Kräfte zu stärken. »Alles liegt in mir, sowohl der Heilige als auch der Verbrecher«, zeigt Goethe die ungeheure Spannbreite der Suggestion auf. Die Suggestion ist der direkte Weg zu tieferen Schichten der menschlichen Persönlichkeit. Sie kann das Positive wie auch das Negative hervorrufen. Wenn im Menschen alles angelegt ist, dann ist die Kenntnis und die Methode der Befreiung der positiven Anlagen für uns alle von größter Wichtigkeit. Es gibt im Grunde nur zwei Probleme: mit *uns* und mit *anderen* richtig umzugehen.

## Ein König muss aussehen wie ein König.

Dieser Satz klingt so selbstverständlich, dass wir zu schnell darüber hinweggehen. Wenn wir im Alltag siegen wollen, müssen wir dieses Gesetz in aller Konsequenz erkennen und anwenden. Ein König muss aussehen wie ein König. Vielleicht erkennen Sie die Bedeutung dieses Gedankens erst, wenn ich ihn umformuliere. Ein Bettler muss aussehen wie ein Bettler. Wenn ein Bettler nicht aussieht wie ein Bettler, wird er vergeblich betteln. Ein Juwelier muss aussehen wie ein Juwelier, ein Gärtner muss aussehen wie ein Gärtner und ein erfolgreicher Vertreter muss aussehen wie ein erfolgreicher Vertreter. Und ein Löwe muss aussehen wie ein Löwe, sonst könnte man ihn nicht erkennen und vor ihm Angst haben. Ein König muss aber nicht nur aussehen wie ein König, sondern er muss sich auch verhalten wie ein König.

Je länger Sie selbst über dieses erste Gesetz der Suggestion nachdenken, um so mehr werden Sie seine magische Bedeutung erkennen. »Wie du kommst gegangen, so wirst du auch empfangen.« Kritische Leser werden hier jetzt vielleicht befürchten, diese Methode führe zur totalen Anpassung. Wir sollten diesen Gedanken nicht gleich verwerfen, uns aber zunächst einmal die Frage stellen, was uns wichtiger ist: Meine

Eitelkeit, meine Trotzreaktion oder meine Ziele? Sollten Sie zu den Menschen gehören, die ihre Ziele, also ihre Lebensaufgabe lieben, dann werden Sie sich auch so verhalten, um sie zu erreichen.

*Erfolgreich sein heißt, Probleme zu lösen.*
Ein Arzt, der erfolgreich sein will, hat sich an den Problemen und Krankheiten des Patienten zu orientieren. Ein Vertreter, der seine Waren verkaufen möchte, muss die Interessen der Kunden kennen und berücksichtigen. Nicht wir sind der Mittelpunkt, um den sich die Welt dreht, sondern wir drehen uns mit. Verstößt man gegen dieses Gesetz, kommt der Misserfolg mit aller Konsequenz.

*Ein erfolgreicher Mensch muss Kraft, Zuversicht und Charisma ausstrahlen.*
Es ist die Ausstrahlung, die jemanden anziehend und sympathisch macht. Deshalb ist sie für das persönliche Weiterkommen, für die Kontakte, die man benötigt, äußerst wichtig. Kraft und Zuversicht, die man ausstrahlt, wirken auf die tieferen Schichten der menschlichen Seele, in der Zuneigung oder Abneigung entstehen. Anziehende und abstoßende Kräfte bestimmen das Verhalten jedes Menschen und in jeder Situation. Faszination ist die stärkste Form der Anziehungskraft, und sie ist abhängig von der Vitalkraft des Menschen. Lässt seine Vitalität nach, so erlischt auch seine Anziehungskraft. Sicher sind auch Sie schon Menschen begegnet mit einer faszinierenden Ausstrahlung. Beeindruckende Persönlichkeit, die all die Dinge besitzt, die wir zusammenfassen in dem Begriff »Charisma«. Damit bezeichnet man die Fähigkeit, die Aufmerksamkeit auf sich zu lenken und festzuhalten und damit Erfolg zu haben. Das Wort wird von der griechischen Göttin Charis, einer der drei Göttinnen der Anmut (Chariten) abgeleitet. Charisma - die außerordentliche Gabe, die einem zuteil wird - war bei den Griechen eine Gnade der Götter. Charis verkörperte das, was wir als Nächstenliebe bezeichnen.

Heute verwendet man das Wort »Charisma« hauptsächlich dann, wenn man von Menschen spricht, die es verstehen, andere zu beeindrucken. Es ist ein sehr bestimmter Charme, der in einigen steckt und den sie unmittelbar auf ihre Umgebung übertragen können. Menschen mit Charisma erzeugen überall, wo sie auftreten, eine optimistische Stimmung.

*Wenn Sie in einem Glockenstuhl eine Glocke anschlagen und sie damit zum Schwingen bringen, schwingen die anderen Glocken im gleichen Ton mit.*

Ich kann nur das in anderen wachrufen, was tief in meinem eigenen Inneren schwingt. Das Gesetz der Resonanz sagt, »von mir allein hängt alles ab, nicht von den anderen.« Der Schlüssel zur Umwelt liegt in mir.

Es ist ein wunderbarer Augenblick im Leben eines Menschen, wenn er wirklich tief im Innersten begreift, dass sich nichts ändert, außer er ändert sich selbst. Sie werden sehr bald bemerken, umso ruhiger, gelassener und konzentrierter ein Mensch ist, umso mehr kann seine Seele, sein Inneres schwingen und strahlen. Bei einem verkrampften oder gehemmten Menschen dringt nichts von innen nach außen, es findet keine positive Übertragung statt. Vielleicht erkennen Sie darin die große Bedeutung unseres »Alpha-Trainings«. Ruhe und Entspannung haben nichts mit Schlaf zu tun, sondern mit Befreiung. Unser Inneres beginnt zu leben, unser Unterbewusstsein kommt in Ordnung, und es entsteht Harmonie und Liebe zu sich selbst und zu anderen. Liebe und Harmonie, die alles überstrahlt.

Durch Übung und durch Wiederholung erreichen wir den Alphazustand immer leichter. Erst nur im Training – in der Entspannungsübung –, aber das ist nur die Vorstufe. Später beherrschen wir es in allen wichtigen Lebenssituationen, vor einem wichtigen Gespräch, vor einer Rede, in Stresssituationen, zu jeder Zeit strahlen Sie eine heitere

Gelassenheit aus. Sie können weich, überzeugend und voller Charme lächeln. Bei einem gestressten Menschen dagegen sind die Gesichtsmuskeln verkrampft, und die Stimme klingt kalt und hoch, da er auch innerlich kalt ist und seine Verärgerung nicht unterdrücken kann. Wie will solch ein Mensch andere erwärmen und auftauen? Je dunkler eine Stimme klingt, umso mehr kommt sie auch aus der Tiefe, dem Inneren des Menschen. Sie kann daher auch umso tiefer in andere Menschen eindringen. Die hohe Stimme kommt aus dem Kopf, aus dem Intellekt oder aus der Angst und erreicht deshalb auch nur den Intellekt beim anderen.

Ein Anrufer klagte über seine beruflichen Probleme. Seine Aufgabe bestehe darin, Menschen zu beraten. »Ich gebe«, so sagte er, »die besten Ratschläge, doch meine Ratschläge werden mehr oder weniger in den Wind geschlagen. Was soll ich tun?«

»Steigern Sie Ihre Suggestivkraft« riet ich ihm. An seinem erstaunten Ausdruck konnte ich bemerken, dass er alles außer dieser Antwort erwartet hatte; denn über seine Suggestivkraft hatte er noch nie nachgedacht.

## Der Name ist Suggestion.

Haben Sie sich schon einen Namen gemacht? Wie viel Vertrauen, wie viel Können, wie viel Prestige strahlt Ihr Name auf andere aus? Ein Mensch, der sich noch keinen Namen gemacht hat, mag ein guter und wertvoller Mensch sein, aber in den Augen seiner Mitmenschen ist er ein Nichts und daher wirkungslos. Sowohl zu seinem eigenen Nachteil als auch oft genug zum Nachteil seiner Mitmenschen. Die Welt vertraut dem Namen. Welch eine positive Suggestion geht zum Beispiel von dem Autonamen wie »Mercedes«, BMW oder Audi aus. Diese Namen strahlen Vertrauen und Qualität aus. Denken Sie an die Wirkung des Namens Barack Obama. Die Suggestivwirkung dieses Namens hat die magische Kraft, Tausende von Türen zu öffnen.

Sie treffen auf einer Party fremde Menschen. Man stellt sich Ihnen vor. Die meisten genannten Namen können Sie unmöglich verstehen. Je leiser – und undeutlicher – ein Mensch seinen Namen sagt, umso größer ist sein Minderwertigkeitskomplex. Menschen, die ihren Namen nicht mögen, mögen sich selbst nicht. Da jeder Mensch im Mittelpunkt seiner Welt, seiner Erlebnisse und seines Handelns steht, ist sein Name der wichtigste Besitz. Wir mögen im Leben viel verlieren oder gewinnen – unser Name bleibt uns. Sicher besitzen Sie den Mut, Ihren Namen immer klar und verständlich auszusprechen, und sicher können andere ganz leicht Ihre klare Unterschrift entziffern, denn Sie wollen sich ja nicht verstecken. Ganz im Gegenteil, Sie wollen ja Ihre Stärken zeigen.

Neunzig Prozent unserer Mitmenschen versündigen sich täglich gegen dieses Gesetz der Suggestion am Telefon. Sicher sind Sie auch hier ein besonderer Mensch, der seinen eigenen Namen klar, deutlich und verständlich aussprechen kann.

Erfolgreich sind wir im Leben immer dann, wenn wir uns selbst und die anderen richtig behandeln. Das wichtigste Wort ist der Name. Auf kein Wort reagiert der Mensch so sensibel wie auf seinen Namen. Diese Erkenntnis ist darum auch so wichtig für den Umgang mit Menschen. Denn was für uns gilt, gilt immer auch für unsere Mitmenschen. Die Basis unseres Erfolges ist Sympathie, Harmonie und Vertrauen. Die Fähigkeit, eine sympathische, harmonische und vertrauensvolle Atmosphäre zu schaffen, beginnt mit der Anrede des Partners.

Außerordentlich wichtig ist daher Ihr Namensgedächtnis. Beachten Sie einmal über längere Zeit, wie Sie mit Ihren Mitmenschen sprechen. Benutzen Sie das Sie, das Du, das Wir oder den Namen. Es ist eine Todsünde der Überzeugungskunst, wenn man den Namen eines Menschen, dem man schon einmal begegnet ist, vergessen hat. Für jeden ist es schmerzlich zu merken, wenn der eigene Name entfallen ist.

Man begreift dann sofort unbewusst, dass das Interesse an der eigenen Person nicht allzu groß sein kann. Ein gutes Namensgedächtnis ist wichtig, man kann es durch Konzentrationsübungen trainieren. Durch das korrekte Aussprechen des Namens erreichen wir jeden Menschen in seinem innersten Kern. Darum benutzen Sie die Namen Ihrer Mitmenschen mit Achtung. Ein guter Name ist das beste und krisenfesteste Kapital.

**Der isolierte Mensch gelangt niemals zum Erfolg.**

Wenn Sie zwei Menschen miteinander vergleichen, so ist in der Regel der Kontaktfähigere auch der Erfolgreichere. Daran erkennen Sie deutlich, dass die fachliche Qualifikation nur die eine Seite eines erfüllten Lebens ist. Zu viele Menschen plagen sich dagegen ein Leben lang in einer Hölle von Minderwertigkeitskomplexen.

Wenn ein Mensch Zahnweh verspürt, geht er zum Zahnarzt. Wenn ein Mensch von Minderwertigkeitskomplexen geplagt wird, zieht er sich entweder in sich selbst zurück oder flieht in die Arroganz und Überheblichkeit. Beides hat, wie wir im täglichen Umgang mit Menschen beobachten können, Kontaktschwäche oder Kontaktstörungen als Ursache. Fast jeder Mensch wird zugeben, dass auch er schon in einigen Situationen schüchtern reagiert hat. In der Regel leidet der Schüchterne unter den körperlichen Symptomen seiner Angst, z. B. Erröten oder Erblassen, starkes Herzklopfen, Schweißausbrüche, trockener Mund, Stottern, Durchfall, Harndrang oder Magenbeschwerden. Obwohl andere diese Symptome kaum wahrnehmen, fürchtet sich der Schüchterne sehr davor. Eine falsche Eitelkeit verstärkt seine Komplexe noch, denn er konzentriert sich nicht auf seine Mitmenschen, sondern immer wieder auf sich selbst.

Die mangelnde Fähigkeit, Beziehungen zu anderen aufzunehmen oder sich in Situationen zu behaupten, deutet darauf hin, dass der

Schüchterne starke Selbstzweifel und geringe Selbstachtung hat. Er neigt zu Misstrauen und Pessimismus, zu einer Unterschätzung der eigenen Person und Überschätzung anderer. Er hat große Schwierigkeiten, andere Menschen anzusprechen und sich um Kontakte zu bemühen. Das Anknüpfen von neuen Beziehungen ist für viele Menschen beschwerlich. Der Schüchterne entzieht sich dieser Schwierigkeit am liebsten ganz und gar. Aus der Angst heraus, abgewiesen zu werden, bleibt er lieber allein. Auch fürchtet er, sich lächerlich zu machen, wenn er sein Anliegen vorbringt. Die Angst, aus sich herauszugehen, ist so groß, dass er regelrecht Hindernisse errichtet oder ein so abweisendes oder verschlossenes Gesicht macht, dass es keiner wagt, ihn anzusprechen. So versteckt er sich, obwohl er nichts sehnlicher wünscht als Mitmenschlichkeit.

C.G. Jung, der Schweizer Psychiater und Begründer der analytischen Psychologie, spricht in diesem Zusammenhang von der introvertierten Persönlichkeit. Alfred Adler – der Österreichische Individualpsychologe – spricht davon, dass Schüchternheit und Zaghaftigkeit immer zusammengehören. Der Schüchterne ist für ihn ein Mensch, der am meisten durch seine zögernde Haltung auffällt. Er möchte sich am liebsten von allem distanzieren und die Verantwortung für alle Aufgaben abwälzen. Der Minderwertigkeitskomplex ist oftmals ein Vorwand, um ganz bestimmte Anforderungen nicht auszuführen. Wir sollten erkennen, wer schon als Kind Schüchternheit entwickelt, lernt die Welt nicht kennen. Er mischt sich nicht ein. Macht diese oder jene Erfahrung nicht, und Enttäuschungen bleiben ihm trotzdem nicht erspart.

Wie kontaktfähig sind Sie? Wenn Sie mit dem Zug fahren, suchen Sie dann ein Abteil, in dem Sie alleine sitzen können? Gehen Sie in einem Restaurant an einen unbesetzten Tisch oder an einen Tisch mit Sitzen an der Wand? Das ist nicht das Verhalten einer positiven, kontaktfähigen Persönlichkeit. Aber zum Glück gibt es noch die Ausnahme-Menschen. Ganz gleich, wo sie auftreten, wirken sie anregend, sie begeistern sofort und ohne es zu wollen, stehen sie im Mittelpunkt.

Stärken auch Sie Ihre Kontaktfähigkeit. Überlegen Sie, wem Sie in den nächsten zwei Monaten eine Freude bereiten möchten? Sicher werden Ihnen viele Möglichkeiten und Menschen einfallen. Da die meisten Menschen jedoch keine Gedankenleser sind, sollten Sie aus sich herausgehen und deutlich machen, dass es sich immer wieder lohnt, den Kontakt mit ihnen zu halten. Machen Sie es anderen leicht, indem Sie ihnen entgegengehen. Seien Sie eine rühmliche Ausnahme, im Kontakteaufbauen und Kontaktehalten. Menschen sind das Wichtigste auf dieser Welt.

*Kontakt-Tipps*

Der erste Schritt ist meistens der schwierigste. Sie sollten ihn deshalb dem anderen abnehmen, wenn Sie einen neuen Kontakt schließen wollen. Gehen Sie dem anderen entgegen. Warten Sie nicht ab, bis er es tut. Sie gewinnen zugleich mehr Selbstbewusstsein – und das hilft sowohl Ihnen selbst wie Ihrem neuen Partner. Üben Sie sich deshalb als Schrittmacher:

Nehmen Sie sich ab heute vor, jeden Monat zehn Menschen kennenzulernen. Nutzen Sie dafür jede Gelegenheit, im Bus, im Betrieb, in Ihrer Nachbarschaft. Bereiten Sie sich einmal gründlich darauf vor und lernen Sie aus jedem neuen Kontakt, wie Sie es noch besser machen können. Lesen Sie zuerst gründlich diese Kontakt-Tipps:

- Ernsthaft gute Freunde suchen.
- Offen Interesse zeigen.
- Anderen entgegenkommen.
- Lächeln, bevor Sie sprechen.
- Andere nach Interessen fragen.
- Interessen der anderen erwidern.
- Sich selbst zuerst vorstellen.

- Den anderen Fragen stellen.
- Selbst wenig reden.
- Jede Frage beantworten.
- Hemmungen anderer überwinden.
- Herzlichkeit zeigen.
- Ruhig und gelassen sein.
- Tolerant und optimistisch sein.
- Aufrichtig und offen sein.
- Melodiös, verständlich sprechen.
- Andere interessiert ansehen.
- Verständnis zeigen.
- Gut zuhören.
- Behalten, was Sie erfahren.
- Sicher und entspannt auftreten.
- Besonders selbstkritisch sein.
- Vorschläge machen.
- Sich in die Lage anderer versetzen.
- Ansichten äußerst rücksichtsvoll vertreten.

**Je größer die Konzentrationskraft,
desto faszinierender ist Ihre Anziehungskraft.
Sie müssen Ihre Mitmenschen faszinieren,
Sie müssen ihre Aufmerksamkeit erzielen und erhalten.**

Sie werden schon oft selbst bemerkt haben, dass auch hier das Gesetz der Entsprechung gilt. Je konzentrierter Sie sind, umso aufmerksamer hört man Ihnen auch zu. Je nervöser Sie sind, umso schneller entgleitet Ihnen der Gesprächspartner.

Sie kennen Veranstaltungen, wo ein Redner sprechen wollte, und die Zuhörer sprachen weiter. Aber sicher haben Sie ebenso oft erlebt, dass man bei bestimmten Rednern buchstäblich eine Stecknadel fallen hören kann, und alle wie gebannt zuhören. Das Geheimnis ist die absolute Konzentration.

Aufmerksamkeit erhalten Sie nicht durch schnelleres und lauteres Sprechen oder durch mehr Informationen. Im Gegenteil: dadurch entlassen Sie eher noch mehr Zuhörer aus Ihrem Bann. Das langsame Sprechen - das Sprechen mit wirkungsvollen Pausen - zieht die Aufmerksamkeit wieder auf Sie. Wirkungsvoll argumentieren, ob im Zwiegespräch oder in kleinen Gruppen, können Sie jedoch nur, wenn Sie vollkommen ruhig und konzentriert sind. Prestigeverlust - wie mangelnde Aufmerksamkeit - erfährt man selten durch falsche Entscheidungen, aber stets durch Unruhe, Hektik und Nervosität.

»Hektik macht verdächtig«.

Haben Sie doch einmal den Mut und zeichnen Sie eines Ihrer Gespräche oder ein Telefonat auf. Nicht um andere, sondern um sich selbst zu kontrollieren. Vielleicht weckt eine solche positive Kontrolle in Ihnen den Wunsch, sich zu verbessern.

**Je ruhiger eine Person ist, desto mehr richtet sie ihre Energie auf das, was sie sagt. Denken ist ein bioelektrischer Prozess.**

Mit dieser wissenschaftlich abgesicherten Erkenntnis verstehen wir heute leichter als früher den Satz: »Gedanken sind Kräfte.«

Durch die Kraft der Konzentration können wir unsere Gedanken besehen. Wir können sie mit Kraft aufladen, und erst dadurch können sie ihre volle Wirkung erzielen.

**Durch den bewussten Einsatz unserer Augen steigert sich die Suggestivkraft unserer Worte um 25 %.**

Unsere Augen sind Fenster nach innen und nach außen. So, wie der Körper des ganzen Menschen Ruhe oder Unruhe ausstrahlen kann, so geschieht diese Ausstrahlung besonders intensiv durch unsere Augen. Unruhige Augen weisen auf einen unruhigen Sinn. Je unruhiger ein Mensch in seinem Inneren, umso unruhiger ist auch sein Blick. Der Blick verdeutlicht, dass er nichts festhalten kann. Ebenso ist es mit dem Blick. Er hält nichts fest, er fixiert nichts Bestimmtes. Wenn unruhige Augen auf einen unruhigen Sinn deuten, so deutet ein ruhiger Blick auf ruhige und feste Gedanken, die sich dem Gegenüber sofort mitteilen.

*Ich möchte Sie deshalb zu einem vierwöchigen Augen- und Konzentrationstraining einladen. Was sollten Sie tun?*

1. Sie malen einen Kreis um einen Punkt und fixieren diesen Punkt so lange, bis Ihre Augen tränen oder die Lider zucken wollen. Jetzt schließen Sie bewusst die Augen zwanzig Sekunden, damit sich die Augenmuskeln bei geschlossenen Augen entspannen und kräftigen können. Besonders wichtig bei dieser Übung ist, dass Sie den Punkt mit einem freundlichen, liebevollen Blick fixieren.

Je größer die Konzentrationskraft, desto faszinierender Ihre Anziehungskraft

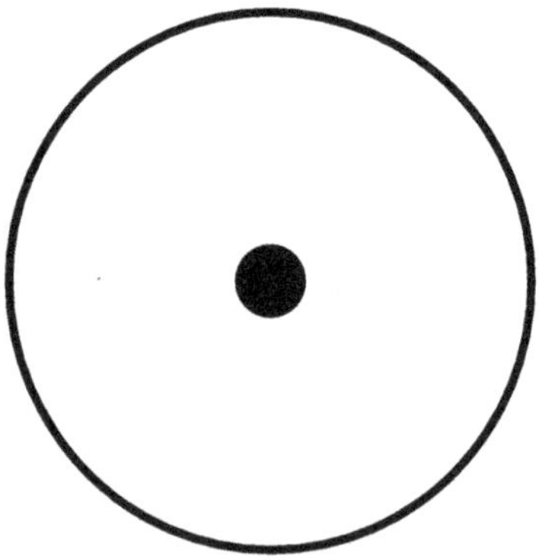

Diese Übung setzen Sie so lange fort, bis Sie mindestens drei Minuten - ohne zu blinzeln - den Punkt freundlich fixieren können. Wenden Sie diesen erlernten Blick - der keineswegs provozierend oder aggressiv wirken darf - nicht sofort bei Ihren Bekannten an. Üben Sie erst in der Natur, in der Familie, bis Sie selbst mit der Blickintensität und dem Blickausdruck zufrieden sind.

Wenn Sie in ein Gesicht schauen, sollten Sie sich zuerst bewusst machen, wohin Sie Ihren Blick konzentrieren wollen. Am besten ist der Punkt zwischen den Augenbrauen, der Punkt, an dem man das dritte Auge vermutet. Dazu wieder eine Übung.

2. Malen Sie sich einen Punkt auf Ihre Stirn zwischen den Augenbrauen und setzen Sie sich dann in aller Ruhe vor einen Spiegel. Nun fixieren Sie wieder mit einem freundlichen, liebevollen Blick den Punkt auf Ihrer Stirn. Wieder so lange, bis Ihre Augenlider zucken wollen. Dann schließen Sie bewusst die Augen mit folgenden Gedanken:

*Meine Augen schließen sich und meine Augen entspannen. Mein Blick wird immer ruhiger, immer weicher, immer freundlicher und zugleich immer konzentrierter. Mein kraftvoller Blick ist stets voll Vertrauen und Liebe. Niemals ist mein Blick aggressiv, unfreundlich oder ablehnend.*

3. Um Ihren Blick und Ihre Konzentrationskraft vollends in den Griff zu bekommen, trainieren Sie nun weitere vierzehn Tage Folgendes:

Immer, wenn Sie ein großes Foto oder ein Portrait sehen, blicken Sie der abgebildeten Person auf den trainierten, fixierten Punkt zwischen den Augen. Durch Ihr ständiges Training wird Ihr Blick immer natürlicher, er wirkt nicht gewollt und nicht zwingend, sondern Ihre natürliche, vertrauenerweckende Ausstrahlung wächst. Es darf weder etwas Hartes, noch etwas Bedrohliches von Ihren Augen ausgehen. Sie sind weder Dompteur, noch wollen Sie jemanden vergewaltigen. Weder mit

Gedanken oder Worten oder Blicken. Sie achten und glauben an das Gute im Menschen und sollten es deshalb zum Ausdruck bringen.

Erst nach dem Training aller drei Übungen sollten Sie zum Führen oder Motivieren die so gewonnene Fähigkeit einsetzen. Bedenken Sie: Durch den Einsatz Ihrer Augen wächst Ihre Suggestivkraft um 25 %.

Wer spricht, ist aktiv und ist immer der seelisch Stärkere. Wer zuhört, ist passiv und aufnahmefähig. Die Schlussfolgerung daraus ist: Wenn Sie sprechen, blicken Sie die angesprochene Person an, um Ihren Worten mehr Ausdruckskraft zu verleihen. Wenn Ihr Partner spricht, ist er der Stärkere. Jetzt sollten Sie es auf keinen Fall zu einem Zweikampf der Augen kommen lassen. Das erzeugt Aggressionen, die Sie auf jeden Fall vermeiden sollten. Wenn der Partner spricht, senken Sie den Blick um ca. zehn Zentimeter und konzentrieren sich auf seinen Mund. Sie hängen an seinen Lippen und suggerieren ihm unbewusst: Ich höre zwar genau zu, aber beeinflussen lasse ich mich nicht.

Das verstärkt Ihre persönliche Autorität. Augen prägen ein Gesicht. Achten Sie auf die Augen - auf den Ausdruck - auf den Farbwechsel - auf den Blick - auf den Ausdruck: bei anderen und bei sich selbst.

Mit den Augen werden Suggestionen ebenso vermittelt wie mit Worten. Doch Menschen schließen sich nur dann für Suggestionen auf, wenn sie aus dem innigsten Gefühl einer allgemeinen Menschenliebe gegeben werden. Ein Mensch, der spürt, dass man an ihn glaubt, öffnet sich. Ein Mensch aber, der spürt, dass man ihn innerlich ablehnt, verschließt sich. Die Suggestion sollte kein Mittel zur Manipulation sein, sondern ein Weg zur Entfaltung und zur Befreiung. Wenn wir davon ausgehen, dass alles im Menschen angelegt ist, sowohl der Verbrecher, als auch der Heilige, kann uns die Suggestion am besten helfen, Hemmungen und Komplexe zu überwinden. Aber nicht nur das; mit der Suggestion aktivieren Sie Ihre Kraft-, Gesundheits- und Begabungsreserven und gestalten dadurch Ihr Leben leichter und freier. Viel zu wenig setzen wir die wunderbaren Möglichkeiten der Suggestion ein, um unsere Intelligenz oder den Willen zu aktivieren und zu festigen.

Der berühmte russische Komponist Sergei Rachmaninow wurde 1899 nach England eingeladen. Im Zustand schwerer Depression - Depression ist eine Gemütskrankheit, die von Traurigkeit bis zu Selbstmordabsichten reicht - trat er seine Reise an. Er hatte versprochen, für die Philharmonie in London ein Klavierkonzert zu schreiben. Aber statt zu komponieren, starrte er stundenlang melancholisch auf sein Klavier. Keine Idee stieg in ihm auf, nichts - als Traurigkeit - klang in ihm. Er verfiel fortschreitender Lethargie, die seine Freunde beunruhigte. Durch Zufall erfuhr er von einem Londoner Hypnosearzt. Im Frühjahr 1900 besuchte ihn Rachmaninow und ließ sich hypnotisieren. Der Arzt suggerierte ihm:

»Sie werden mit dem Komponieren Ihres Konzertes beginnen!
Die Arbeit wird Ihnen sehr leicht fallen!
Das Werk wird exzellent werden!
Gehen Sie nach Hause und beginnen Sie mit der Arbeit.«

Rachmaninow empfing eine neue Programmierung und neue Gedanken und schrieb sein Klavierkonzert Nr. 2 in c-Moll, das in die Musikgeschichte eingegangen ist.

**Zu seinem Vorteil lässt sich jeder gerne beeinflussen.**

Genauso, wie sich jeder gerne zu seinem Vorteil beeinflussen lässt, wehrt er sich, wenn es zu seinem Nachteil ist. Deshalb sollten wir uns bei schwierigen, festgefahrenen Gesprächspunkten immer fragen, ob wir die Vorteile für unsere Partner noch deutlich sehen und berücksichtigen. Jeder Mensch hat ein Gespür, hat einen Instinkt, der ihn warnt, wenn sich etwas zu seinem Nachteil anbahnt. Und das ist gut so. Er sperrt das Tor zu seinem Unterbewusstsein fest zu. Denken wir darum bei einem Gespräch, bei Verhandlungen, auch in Verkaufsgesprächen immer und zuerst an die Wünsche und Ziele des anderen. Sie werden feststellen, dass sich so gemeinsame Ziele mühelos und reibungslos erreichen lassen. Viele Verkäufer scheitern deshalb, weil sie bei Verkaufsgesprächen vorrangig an ihre Provision denken – als an den Vorteil für den Kunden.

## Steigern Sie Ihre Suggestivkraft!

*Tipps und Anregungen, die Sie sofort in die Praxis umsetzen können*

Wenn Sie Ihr Leben erfolgreich meistern wollen, müssen Sie andere Menschen für sich gewinnen und erfolgreich beeinflussen können. Selbst kleine Erfolge sind ohne die Unterstützung Ihrer Umwelt nicht möglich. Das sollte Ihnen jederzeit bewusst sein. Menschen können Ihnen die Chance zur Entfaltung geben oder sie verhindern. Deshalb sollten Sie Ihr Verhältnis zu allen Menschen so positiv wie möglich gestalten. Sie können ein Genie sein oder die besten Ideen, Pläne und Absichten haben – ohne Mitmenschen geschieht nichts – oder viel schlimmer – das Gegenteil.

Die Einstellung »die andern soll der Teufel holen, sie taugen ohnehin alle nichts« passt nicht in das Konzept eines erfolgreichen und glücklichen Lebens.

Überprüfen Sie doch einmal Ihre Einstellung zu anderen Menschen. Was, glauben Sie, ist für den Erfolg wichtig?

Dass die anderen Sie lieben oder dass Sie die anderen lieben? Sie spüren sicher instinktiv die richtige Antwort, auch wenn Ihre Einstellung bisher eine andere war.

Je positiver Ihre Einstellung zu anderen Menschen ist, umso stärker ist auch das Echo, welches Sie damit erzeugen. Gute Gedanken erwecken auch beim anderen gute Gedanken. Schlechte Gedanken senden negative Wellen und rufen wiederum schlechte Gedanken hervor. Der Gedanke an das Starke ruft das Starke. Furcht macht Furcht.

Gedanken sind Kräfte. Was du denkst, das bist du. Was du über andere denkst, kommt wie ein Echo zurück.

Je ruhiger ein Mensch ist, desto mehr kann er seine Energie auf das richten, was er sagt.

Alphatraining – der Zustand des ruhigen Gedankenflusses in der Entspannung – ist der Weg zu mehr Ruhe.

Die Suggestion ist der direkte Weg zur Seele des Menschen. Die Autosuggestion, mit der man sich selbst beeinflusst. Die Fremdsuggestion, mit der man auf andere positiv hinwirkt.

Um überzeugen zu können, müssen wir die Energie-Prozesse kennen, die zwischen Menschen und ihren Gedanken ablaufen.

- 1. Das Gehirn des Senders denkt und empfindet eine Idee.
- 2. Durch Sprache, Ton, Gestik und Mimik überträgt der Sender seine Überzeugung ins Gehirn des Empfängers.
- 3. Der Empfänger muss bereit sein, Ideen und Vorstellungen aufzunehmen.
- 4. Nach einer Inkubationszeit ist der Empfänger zur Reaktion bereit. Er ist bereit, die Überzeugung zu realisieren oder abzulehnen.

Diese vier Stufen laufen in der Regel unbewusst in Menschen ab. Vermeiden Sie deshalb, wenn Sie jemanden überzeugen wollen, am besten Anfangsdiskussionen. Jede Diskussion bewirkt sofort eine Kontrasuggestion und zerstört die Realisationsbereitschaft.

Mit Beweisen können Sie nichts beweisen; denn für jeden Beweis gibt es den passenden Gegenbeweis.

Diskussionen spielen sich immer in der linken Gehirnhälfte ab und bringen die Menschen stets von Alpha in Beta. Diskussionen führen leicht in Richtung Streit und Auseinandersetzung und Kräftemessen statt in die Richtung: gemeinsames Ziel und Handeln.

Fragen Sie statt zu diskutieren. Jede Frage suggeriert eine beobachtbare Reaktion.

Vergessen Sie nie die negative Wirkung der Kontrasuggestion. Sie ist eine Suggestion, die genau das Gegenteil dessen bewirkt, was Sie bewirken wollen. Beispiele von Kontrasuggestionen:

- »Sei ja vorsichtig, damit die Vase nicht zu Boden fällt.«
- »Hoffentlich verlierst du deine Stimme nicht wieder durch die Erkältung, wie damals.«
- »Sei nicht so aggressiv.«

Wer von der Sünde spricht, hält sie am Leben.

Um Ansatzpunkte für Suggestionen zu finden, muss man die Interessen und Wünsche der Menschen kennen.

**Dank ist eine positive Suggestion.**

- Durch Dank machen Sie Ihre Mitmenschen zu Wiederholungstätern.
- Etwas, worüber man nicht redet, ist gar nicht geschehen. Nur das Wort gibt den Dingen Realität.
- Der Mensch hat die Kraft, Ideen stark und mächtig zu machen, und er hat die Macht, die Zukunft mitzugestalten. Um andere von dieser Zukunft, von Plänen zu überzeugen, braucht man mitreißende Begeisterung.
- Beeinflussen heißt, hineinfließen lassen. Hineinfließen lassen kann man aber nur, wenn der andere geöffnet ist. Beeinflussen ist daher die Kunst, den anderen zu öffnen. Das Geheimnis des Öffnens liegt im Schweigen, in den Pausen, liegt in Alpha.

- Auch Ihre Worte können Balsam oder Gift sein. Die Zunge hat zwar keine Knochen, aber sie kann Knochen brechen.

Sie müssen bildhaft, plastisch und anschaulich sprechen. Das erfordert Einfallsreichtum und einen großen Wortschatz. Sachlichkeit und Fachwissen genügen nicht. Die Menschen möchten nicht nur etwas hören, sie wollen etwas erleben.

Suggerieren ist etwas anderes als zu bitten, zu befehlen oder zu überreden. Die Suggestion wendet sich nie an den Willen, sondern immer an das Gefühl. Alle Entscheidungen des Menschen werden hauptsächlich von seinen Gefühlen gesteuert.

Die geistige Atmosphäre eines Menschen wird durch die Gedanken bestimmt, die aus seinem Herzen kommen.

Jede tief wirksame Suggestion geht vom Herzen aus und wendet sich an das Herz. Nie von Ratio zu Ratio.

Die drei wichtigsten Gesetze der Suggestion spiegeln sich auch in den Gesetzen der Lebensentfaltung (Nr. 4, 13 und 14) wider:

- 1. Das Unterbewusstsein ... hat die Tendenz, jeden Gedanken zu realisieren ... (IV)
- 2. Die ständige Wiederholung einer Idee wird erst zum Glauben, dann zur Überzeugung. (XIII)
- 3. Glaube führt zur Tat. Konzentration führt zum Erfolg. Wiederholung führt zur Meisterschaft. (XIV)

Die Suggestion besitzt die Kraft, den Zweifel auszuschalten und verstärkt dadurch den Glauben. Wer Glauben hat, hat alles. Wem er fehlt, dem fehlt alles. Wer Wunder will, verstärke seinen Glauben. Wer Wunder bewirken will, muss selbst an Wunder glauben.

## SUGGESTIVKRAFT

### Eine Auswahl an hochwirksamen Autosuggestionen

**1.**

**Auch ich habe große Ziele!**

Alles, was vor uns entstehen soll, findet seine Ursache in unserem Denken.

Ein Gedanke, eine Idee, deren Verwirklichung wir ausdauernd verfolgen, muss schließlich sichtbar in Erscheinung treten.

Alle Kräfte, die ich zur Verwirklichung meiner Wünsche benötige, schlummern in mir.

Durch die Macht der Gedanken werden die Kräfte zu treuen Helfern bei meinem Werk.

Warum sollte ich nicht mehr erreichen, als andere mir zutrauen?

Ich wachse mit allen Aufgaben, die ich mir selbst stelle.

Ich werde meine Ziele erreichen – ganz bestimmt!

Ich fühle, wie meine Kräfte und Fähigkeiten wachsen.

Ich glaube an mich und meine Ziele, so wie alle an sich glaubten, die Großes vollbrachten.

Ich werde mein Ziel erreichen – ganz bestimmt!

2.

**Meine Konzentrationsfähigkeit steigert sich von Tag zu Tag,** weil ich immer gründlicher und zugleich immer entspannter arbeite! Gründlich arbeiten und doch entspannt dabei sein, das ist der Weg zur Steigerung der Konzentrationsfähigkeit!

In aller Ruhe die Dinge erledigen, ganz genau, ohne Hast, ohne Sorge um das Nächste, im festen Glauben, dass alles gut und bestens erledigt wird!

Sammlung aus der Entspannung, aus der inneren Ruhe, aus dem Wissen und der Überzeugung, dass alles gut wird!

3.

**Ich bin fest entschlossen, die Chancen meines Lebens zu nutzen.** Da ich meine Ziele sehr liebe, entzünde ich in mir das Feuer der Begeisterung.

Dieses Feuer der Begeisterung erweckt in mir die körperlichen und seelischen Voraussetzungen für meinen persönlichen Erfolg.

Immer konzentrierter wird mein Verhalten.

Meine Begeisterung drängt mich zum Handeln.

Ich habe ein Recht auf Erfolg, weil ich ihn nutze zum Vorteil der Menschen.

Das Feuer meiner Begeisterung ist ein Beweis, dass ich kein Schattendasein führe.

Meine Begeisterung hilft mir, größte Ziele zu erreichen!

# Der Körper spricht die Sprache der Seele

*Signale erkennen und deuten*

Wer sich mit der Körpersprache – die sehr ehrlich ist – beschäftigt weiß, welche gesteigerte Aufmerksamkeit eine solche Beobachtung erfordert. Sie setzt immer eine vollkommene innere Bereitschaft voraus – und die Fähigkeit, sich selbst loslassen zu können. Wer selbst von Hektik beherrscht ist, kann nicht erfolgreich beobachten. Eigene Gemütsbewegungen verwirren und blockieren uns die Einsichten, die uns die Sinne vermitteln. Im Zorn sieht man rot, wer verliebt ist, sieht rosa, wer enttäuscht ist, sieht schwarz. Ist man wütend, trübt sich der Blick, ein Zerrspiegel entstellt die Welt, ebenso bei einem Trauernden, wo der Außenspiegel »blind« geworden ist. Und wenn wir gereizt, verärgert oder gar verzweifelt sind, verändert sich wieder unser Blick. Ein gestörtes Nervensystem lässt nur noch verstümmelte Botschaften durchkommen – vom Unterbewusstsein ins Wachbewusstsein. Der ideale Beobachter benötigt innere Ruhe und Ausgeglichenheit, er benötigt Gehirnwellen im Alpha-Rhythmus. Erst dann kann das 11. Gesetz der Lebensentfaltung »Beachtung bringt Verstärkung« wirksam werden.

Sicher hatten auch Sie schon oft den Wunsch, die Gedanken ihrer Mitmenschen lesen zu können, in ihr Inneres zu schauen. Dieser Blick ist leichter als Sie glauben. Sie brauchen sie nur zu beobachten. Wer wirklich sieht, kann mehr erkennen! Es gilt das kosmische Gesetz: Wie oben – so unten = wie innen so außen.

*Wer Augen hat zu sehen und Ohren zu hören, überzeugt sich, dass die Sterblichen kein Geheimnis verbergen können.*

Da der Erfolg unseres Lebens von der Kunst, mit Menschen umzugehen, abhängt, ist es wichtig zu wissen, was im Partner, im Mitarbeiter, im Kunden vorgeht! Denn nur, wenn wir den Menschen so begreifen, wie er wirklich ist, können wir ihm auch gerecht werden. Wir studieren den Menschen nicht, um ihn zu manipulieren, sondern um positiv mit ihm leben zu können.

Aus der Biografie von Sigmund Freud wissen wir, dass er der Körpersprache seiner Patienten große Bedeutung beimaß. Seine wissenschaftlichen Studien, kombiniert mit seiner Beobachtungsgabe, lassen seine Krankengeschichte zu einer packenden Lektüre werden.

Auch die klinischen Berichte Freuds enthalten ähnlich facettenreiche Beschreibungen, in denen er die geringfügigsten Besonderheiten in der Körpersprache seiner Patienten vermerkt, wenn er schreibt: »Wer Augen hat zu sehen und Ohren zu hören, überzeugt sich, dass die Sterblichen kein Geheimnis verbergen können. Wessen Lippen schweigen, der schwätzt mit den Fingerspitzen. Aus allen Poren dringt ihm der Verrat. Darum ist die Aufgabe, das Verborgenste bewusst zu machen, sehr wohl lösbar.«

Körper und Seele sind eine Einheit, solange wir leben. Der Körper beeinflusst den seelischen Menschen, und die Seele beeinflusst äußerst intensiv unseren Körper.

Stellen Sie sich einmal das Bild der Marionette vor, deren Körperbewegungen einzig von den Fäden – der Seele »außerhalb« – gesteuert werden. Zittern die Fäden – zittert der Körper, gibt es Knoten in den Fäden, gerät der Körper in Unordnung. Ursachen, die im körperlichen Bereich spürbar werden, entstehen also grundsätzlich in der Zentrale. Sobald unsere Gedanken freundlich sind, wird auch unser Mienenspiel freundlich oder umgekehrt.

*Die Sprache der gespaltenen Zunge und der unruhigen Füße*

Die Zunge kann lügen, der Körper nicht; und schon Karl May lässt Winnetou sagen: »Er spricht mit gespaltener Zunge.« Die Sprache des Körpers ist die universelle Sprache der Menschheit. In jedem Kulturkreis ist ein lachendes Gesicht ein Zeichen von Glück und Freude. Ein weinendes Gesicht ein Zeichen für Schmerz oder Trauer. Dazu ein Gedicht des Aserbaidschaners Mirza Schaffy:

*In jedes Menschen Gesichte,*
*steht seine Geschichte –*
*Sein Hassen und Lieben*
*gar deutlich geschrieben.*
*Sein innerstes Wesen,*
*es tritt hier ans Licht,*
*doch nicht jeder kanns lesen,*
*verstehen jeder nicht.*

Wie intensiv beobachten Sie Ihre Umwelt? Der persönlichkeitsstarke Mensch ist weit mehr auf die Reaktionen seiner Umwelt bedacht. Er spürt und fühlt, was im Innersten des anderen Menschen vorgeht, um sich selbst entsprechend zu verhalten. Denn wenn ich merke, dass mein Gegenüber nervös ist, werde ich versuchen, ihn zu beruhigen. Ist er nicht bei der Sache, bringe ich jetzt nicht unbedingt meine dringendsten Anliegen vor, sondern warte auf eine bessere Gelegenheit.

Dass der Körper die innere Situation des Menschen widerspiegelt, erkannte ich bereits vor vielen Jahren in unseren Rhetorik-Seminaren. Die Füße der Teilnehmer – während sie am Pult sprachen – zeigten sehr deutlich, was in ihnen vorging.

Viele Menschen bemühen sich, ihre Gesichtszüge – und ihre Worte – zu beherrschen, aber die Füße brechen aus! Die Füße sind unsere Wurzeln, sie sind unser Unterbewusstsein. Wollen wir davonlaufen? Ist uns der Boden zu heiß? – Wechseln wir von einem Standpunkt zum anderen? – Oder sind wir standfest? Sind wir verankert? – Sind wir belastbar? – Oder weichen wir schon bei Kleinigkeiten aus? Geht es in unserem Leben voran oder sind wir auf dem Rückzug?

Beobachten Sie bei Ihren Mitmenschen einmal recht aufmerksam die Füße und deren Bewegungsmuster. Aber nicht nur bei anderen, denken Sie bei Ihren Beobachtungen immer wieder an die alte Erkenntnis: Menschenkenntnis führt zur Selbsterkenntnis, und Selbsterkenntnis führt zur Menschenkenntnis.

Vielleicht verstehen Sie jetzt, warum ich in den Rhetorik-Seminaren nicht nur auf eine gute Argumentation achte, sondern vor allem auf den Standpunkt. Ein Mensch, der einen Standpunkt hat, sollte auch mit seinen Füßen zeigen, dass er in sich ruht und standfest ist. So wie es Martin Luther vor dem Reichstag in Worms deutlich machte, als er ausrief: »Hier stehe ich, ich kann nicht anders.«

*Der Körper verkörpert unser Inneres.*

Ein Meister auf dem Gebiet der Körpersprache ist Samy Molcho. Er kommt von der Bühne, genauer von der Pantomime. Von hier bezieht er sein erstaunliches Wissen und Können und sein persönliches Einfühlungsvermögen. Es ist faszinierend zu beobachten, was sein geschultes Auge alles sieht.

Am meisten lernen Sie über das faszinierende Gebiet der Körpersprache, der Mimik und der Gestik, wenn Sie sich vorstellen, Sie seien ein Schauspieler und müssten z. B. die Rolle eines Bettlers spielen. Versuchen Sie doch einmal – so gut es geht – in diese Rolle hineinzuschlüpfen. Oder vielleicht spielen Sie einmal zum Spaß die Rolle des vom Schicksal verstoßenen Menschen. Sie werden sofort erkennen, jede Rolle hat ihren eigenen spezifischen Ausdruck. Das Verhalten des Mutigen ist ganz anders als das Verhalten des Ängstlichen. Das Verhalten des Rechthabers ist anders als der Ausdruck des Toleranten. Der Verachtete bewegt sich anders als der Geliebte.

Nutzen Sie bei Ihren Theaterbesuchen Ihre Beobachtungsgabe, um zu erkennen, ob Rolleninhalt und Rollenform identisch sind.

Wie verhält sich der temperamentvolle Eroberer, der Diener, der Lügner, der Unterwürfige? Wie reagiert der Verliebte? Wie bewegt sich der König? Ist er ein König? Ein Caesar, ein Napoleon? Es wird für Sie bestimmt ein noch viel interessanterer Theaterabend als bisher. Und vielleicht gelingt es Ihnen, sich selbst und Ihr Leben und Denken etwas besser zu begreifen. Wir stehen alle auf der Bühne und spielen unsere Rolle - und wir werden von unseren Mitspielern und unserem Publikum nur akzeptiert, wenn wir sie überzeugend spielen.

*Begreifen – erfassen – festhalten – sich lösen – sich offenbaren – sich verbergen – sich verstecken: wir beobachten die Hände*

Haben Sie die Zeichnungen Albrecht Dürers voll bewundernder Aufmerksamkeit studiert? Mit welch offenem Blick muss er die Hände verschiedener Menschen beobachtet und studiert haben, um sie so ausdrucksvoll wiedergeben zu können.

Was der Mund verschweigt, verraten die Hände. Wie erschrocken sind wir bei einem schlaffen Händedruck. Und Menschen, die negativ sind, wissen meist nicht einmal, dass schon beim Händedruck eine negative Strömung von ihnen ausgeht. Wie die Stimme eines Menschen sind auch die Bewegungen seiner Hände unterschiedlich. Auch sie können weich, fest, hart, entschlossen oder einfühlend sein. Nehmen Sie jede Gelegenheit wahr, die Hände eines Pianisten oder Dirigenten oder auch einer fernöstlichen Tempeltänzerin zu studieren, um zu wissen, welche Ausdruckskraft und Vielfalt darin liegen kann.

*Schauen Sie in Gesichter – um »erkennen« zu können.*
Kein Mensch kann auf Dauer verhindern, dass sein Gesichtsausdruck sein Gefühlsleben widerspiegelt. Wie kalt oder wie leuchtend können die Augen sein? Wie weich oder wie verbissen können sich Mund oder Lippen eines Menschen zeigen!

Die Ausstrahlung, die Sie von anderen spüren, nimmt auch der andere von Ihnen wahr. Wir können die Seele eines Menschen nicht sehen, aber der Körper spricht die Sprache der Seele. Über diesen Körper sind wir erlebbar, erfassbar, begreifbar. Ergreifen wir also mutig die Chance, uns selbst und andere zu erfahren.

Wissen Sie, welche Rolle Sie auf dieser Erde bewusst oder unbewusst spielen? Sind Sie ein guter Darsteller oder ein großartiger Versteller? Oder sind Sie ein Unterdrücker? Ein Mensch, der seine eigene wahre Persönlichkeit ständig unterdrückt und damit natürlich auch seine Lebensentfaltung?

Vielleicht erkennen Sie jetzt, warum ich Ihnen immer wieder die Spiegelmagie ans Herz lege. Denn Spiegel sind nicht aufgestellt zur Steigerung der Eitelkeit, sie sind die wertvollsten Instrumente der Selbsterkenntnis. Sie lernen nicht nur sich selbst zu erkennen, sondern sich auch zu ertragen. Automatisch wächst damit der Wunsch und die Fähigkeit, sich zu verbessern. Sich weiter und höher zu entwickeln. Unser Körper zeigt uns unseren Weg. Sie beginnen sich selbst zu entdecken. Denn der Spiegel ruft Ihnen immer wieder zu: »Nimm deine Maske ab. Sei der, der du wirklich bist!«

*Unser Körper ist der Spiegel unserer Seele – der Träger unseres Lebens.*
Daher ist es einleuchtend, dass man auch den inneren Menschen vom Körper her formen und bilden kann. Also das Wirken von Außen und Innen. Natürlich erfolgt eine so positive Formung nicht von einem zum anderen Augenblick. Darum sind unsere Spiegelexerzitien auch ständige Übungen auf dem Wege zur Weiter- und Höherentwicklung.

Denn alles was lebt, entwickelt sich ständig weiter. Wollen wir also eine positive Entwicklung bewusst beeinflussen, so müssen wir unaufhaltsam weiter an uns arbeiten. Diese wertvolle Arbeit an uns selbst beeinflusst uns bis in unsere tiefsten Schichten.

Vor dem Spiegel erfährt der Übende seine Fähigkeiten, die äußeren wie die inneren. Er beginnt zu spüren und zu fühlen, er erlebt sich selbst in seinem Ausdruck. Er spürt, wie stark die Flamme seines Lebens in ihm brennt. Der Übende wird sensibel für Spannung und Verspannung. Für Gelöstheit und Freiheit. Das Gefühl für Freiheit und Entspannung kommt von selbst. Der Körper beginnt sich auf natürliche Weise zu regenerieren.

Bewusstsein und Unterbewusstsein werden so auf das positivste trainiert. Darum verschieben Sie Ihre guten Vorsätze nicht, sondern beginnen Sie sofort zu üben. Das Training mit der Autosuggestion am Morgen und der Spiegelmagie am Abend. Denn nur durch Übung werden Sie zum Meister Ihres Lebens.

# Spiegelmagie

Setzen Sie sich vor den größten Spiegel, den Sie im Hause haben, auf einen Stuhl. Sie sollten sich darin ganz sehen können – oder mindestens bis zum Nabel. Sorgen Sie nun für Ungestörtheit – und nun spiegeln Sie sich!

Wen sehen Sie da? Einen glücklichen und erfolgreichen Menschen?

Wann waren Sie das letzte Mal so richtig glücklich? Rundherum – himmelhochjauchzend – weltumarmend selig?

*Wo?*

*Mit wem?*

*Warum?*

Senden Sie die Sonde Ihres Geistes in Ihre Erinnerungen und beantworten Sie sich selbst obige Fragen. *Bitte schriftlich!*

Können Sie spontan mehrere Glückstage aufzählen?

Oder fällt es Ihnen schwer, eine schöne Erinnerung zu finden?

Ist diese Erinnerung etwa älter als vier Wochen?

Ja? Dann wird es höchste Zeit für den Spiegel!

»Wenn der Mensch sich im Spiegel betrachtet, gibt er ihm Gedanken ein, die ihn prüfen – und ihn reinigen sollen. Denn der Spiegel ist nicht dazu aufgestellt, dass der Mensch seine äußere Erscheinung betrachte, sondern sein inneres Sein.«

Schon in hellenistischer Zeit sprach man vom Zauberspiegel Alexander des Großen, in welchem man alles sehen konnte, das,

*was war – was ist und was sein wird.*

Das ist die Faszination von Spiegeln. Beobachten Sie, wie ein Mensch reagiert, wenn er an einem großen Spiegel oder einer Schaufensterscheibe vorbeigeht.

Männer korrigieren ihre Krawatte oder ziehen den Bauch ein, Frauen nesteln am Haar, prüfen den Rocksaum oder begutachten ihr Make-up. Beide Geschlechter aber straffen die Haltung und gehen – jedenfalls für einige Augenblicke – beschwingter weiter.

*Der Spiegel ist ein Kritiker, der von jedermann akzeptiert wird.*

# Ihre Stimme – die hörbare Visitenkarte

Die Gefahr bei vielen Verkaufsschulungen und Rhetorikkursen ist, dass man versucht, Retusche und Schminke überzulegen. Worte sind Schall und Rauch – wenn dahinter nicht eine echte Persönlichkeit steht. Sie kann auf Dialektik verzichten. Sie braucht keine Tricks, denn diese bleiben an der Oberfläche, dringen gar nicht bis zum Kern der Persönlichkeit vor. Dauernde Höchstleistungen – keine Einzelerfolge – sind immer nur als Gesamtleistung der Gesamtpersönlichkeit möglich.

Die Kunst, Menschen zu überzeugen und für sich zu gewinnen, hängt weitestgehend von Ihrer Stimme ab. Bitte erstellen Sie wieder schriftlich eine umfangreiche Liste zum Thema:

*Wie kann man sprechen?*
Man kann z. B. laut oder leise, zornig oder liebenswürdig, beruhigend oder nevenaufreibend reden. Bitte sammeln Sie wieder viele Beispiele! Sie werden erstaunt sein, wie umfangreich die Liste wird. Suggestive Sprache und freundlicher Augenkontakt sind die wirksamsten Mittel der Überzeugungskunst. Ihre Stimme ist so persönlich und unverwechselbar wie Ihr Fingerabdruck oder Ihre Nase. Aus Tonfall und Stimmlage kann ein Zuhörer viel erfahren. Ansagerinnen, Telefonseelsorger, Sänger, Redner, Verkäufer verdanken einen großen Teil ihres Erfolges dem sympathischen Eindruck, den ihre Stimme hinterlässt. Es bedarf keiner Diskussion, um festzustellen, dass man statt einer schrillen, hohen, kreischenden Stimme lieber eine angenehm dunkle, warme, voll-

tönende hört. Je dunkler eine Stimme ist, desto anziehender und vertrauenerweckender ist sie. Das gilt auch für die Damen.

Eine Audioaufnahme – und jetzt kommen wir zur Praxis – zeigt Ihnen unbestechlich, *wie* sie sprechen. Sie beweist Ihnen, ob Sie Endsilben verschlucken, zu schnell und zu hoch sprechen, zu scharf betonen oder zu monoton leiern. Im stillen Kämmerlein machen Sie einmal folgende Sprechproben: Lesen Sie Zeitungsartikel mit vielen Fremdwörtern, Gedichte, Erzählungen, Witze, Werbesprüche, einen Geschäftsbrief, einen Privatbrief laut vor. Sie werden über die vielen Mängel Ihrer Aussprache und die Tonlage Ihrer Stimme staunen.

Der schwierigste Test kommt aber noch:

Stellen Sie Ihr Aufnahmegerät an, wenn Sie mit Ihrem Chef sprechen, mit Ihren Geschäftsfreunden, Kollegen, Mitarbeitern, Eltern, Kindern, Vereinskameraden, Ihrem Partner und Ihrer Schwiegermutter. Diese Aufnahme hören Sie sich an, wenn Sie Zeit haben, ganz allein und entspannt sind. Sie werden bemerken, wie Ihre Stimme auf Ihre Mitmenschen wirkt. Vielleicht wird Ihnen jetzt klar, wie viel Aggression, Schärfe, Unfreundlichkeit oder aber Mangel an Konsequenz und Überzeugungsvermögen Ihre Worte enthalten.

Kontrollieren Sie regelmäßig durch Aufnahmen Ihre Telefonstimme: Sie hören später nur das, was Ihre Telefonpartner von Ihnen zu hören bekommen haben. Sie hören endlich einmal, wie oft Sie andere unterbrechen, wie viel Unsinn Sie vielleicht sagen, wieviel »ähm«, »jaja«, »soso« und viele andere Füllwörter Sie benutzen. Hoffentlich bekommen Sie einen Schreck! Denn nur dann setzt endlich Ihre Selbstkritik ein, und Sie entschließen sich, an Ihrer Stimme zu arbeiten. Unser Entfaltungsprogramm, das sich über mehrere Wochen hinzieht, verhilft Ihnen zu einer kultivierten Sprache und suggestiver Stimmkraft. Fangen Sie heute an!

*Unsere Sprache zeigt Kultur.*
Je hastiger Sie atmen, umso mehr versprechen Sie sich. Richtiges Atmen, Entspannungs- und Suggestionstechnik sind eine wirkungsvolle Hilfe.

Die Autosuggestion muss *täglich* viermal hintereinander so laut, so deutlich, so artikuliert und so überzeugend wie nur irgend möglich gesprochen werden.

Sie stellen sich mitten in einen Raum, den Sie mit Ihrer Stimme auszufüllen versuchen. Beim ersten Mal zeichnen Sie diese gesprochenen Worte auf, die Sie dann, nach 28 Tagen täglichen Trainings, mit einer neuen Aufnahme vergleichen! Der Unterschied wird Sie überzeugen! *Nur die Praxis zählt!* Niemand kann im Voraus sagen, wo die Grenzen seiner Kräfte, Fähigkeiten und Möglichkeiten liegen. Nur Vorurteile sind Grenzen, aber diese sind unüberwindliche Mauern.

Das Rezitieren der Programmierung verbessert Ihre Sprechtechnik gewaltig.

# Ein positiver Tag beginnt

Gleich morgens können Sie beweisen, dass Sie eine außergewöhnliche Persönlichkeit sind. Was kann Ihre Umgebung dafür, wenn Sie nicht richtig ausgeschlafen und übler Laune sind? Wie man in den Wald hineinruft ... An Ihnen ganz allein liegt es, wie sich Ihre Mitmenschen Ihnen gegenüber verhalten. Dieses Schildchen schreiben Sie ab und hängen es im Bad an den Spiegel!

*Heute ist ein schöner Tag!!*
*Ich freue mich, dass ich lebe!!*

*Lesen Sie das mindestens dreimal laut. Das fällt nur am Anfang schwer. Innerhalb von drei Wochen ist Ihr Unterbewusstsein darauf eingestellt und Aufstehen und Frühstück werden für Sie zu einem festlichen Ritual. Egal, was der Tag noch bringen mag.*

*Anfang gut – weiter gut!*
*Gute Laune ist Trainingssache!*

Kein Erfolg ist möglich, ohne die Hilfe unserer Mitmenschen. Dazu aber brauchen wir Achtung, Vertrauen und Zuneigung. Jeder Mitarbeiter muss Sie gern haben und als liebenswürdigen und sympathischen Menschen schätzen. Bedanken Sie sich mal bei Ihrer Partnerin, Ihrem Partner lachend und mit einem Kuss. Bedenken Sie: So, wie Sie Ihren Partner und Ihre Kinder entlassen – so beginnt und verläuft der Tag. Morgendliche Hektik und Übellaunigkeit nehmen Ihnen Glanz.

So wird man nicht zu eine anerkannten Persönlichkeit. *Sie* haben die Stimmung in Ihrem Heim in der Hand. Denken Sie daran: Erfolg beginnt zu Hause. Also gerade morgens alles an Liebenswürdigkeit und ansteckender Fröhlichkeit aufbieten! Aufstehen und Frühstück sollen Kraft und gute Laune bieten. Die Gestaltung des frühen Morgens ist die Überschrift für den Tag.

Wenn wir die Menschen so behandeln, wie sie sind, machen wir sie hart, disharmonisch, starr. Änderungen von schlechten Angewohnheiten, Unordentlichkeit, Unpünktlichkeit, Schlampigkeit erreichen wir *niemals*, wenn wir darüber schimpfen und zetern.

*Bewusstsein ist Schöpfung!*

Jedes Verhalten, das beachtet wird (und sei es negativ beachtet, also beschimpft), wird verstärkt. Die Dinge, die Sie benörgeln, *müssen* also schlimmer werden. Behandeln wir unsere Mitmenschen also so, wie sie eigentlich sein sollten!

Was bewirkt diese Haltung? Erstaunen, Freude, Insichgehen, Besserung. Warum? Sie haben das *Gefühl* Ihres Partners angesprochen. Wir umgehen den Intellekt und vermeiden damit Widerstände, Diskussionen, Aggressionen, Ärger weitestgehend. Wir haben also unsere eigene Einstellung genau entgegengesetzt anzubringen.

*Negatives möglichst wenig beachten!*

Unsere gesamte Aufmerksamkeit sollten wir nur auf das Positive lenken, grundsätzlich nur das Positive sehen und immer wieder das Gute, das Richtige in den Vordergrund stellen und beachten, und seien es nur Kleinigkeiten. Wir sollten damit anfangen und auch dann liebenswürdig und nett bleiben, wenn sich keine Spontanerfolge einstellen. Ausdauer siegt.

*Wer lächelt, ist immer der Stärkere!*
*(Japanisches Sprichwort)*

Also immer ganz bewusst und gezielt das Gefühl und die Aufmerksamkeit auf die guten Eigenschaften unserer Familie, Mitarbeiter, Kollegen, Schüler, Vorgesetzten lenken. Nie schimpfen! Schimpfen ist Beweis eigener Schwäche.

# 24 Stunden gute Laune

## Tipps zur Stimmungspflege

Niemand von uns würde es wagen, morgens ungewaschen und ungekämmt an seinem Arbeitsplatz zu erscheinen. Den äußeren Menschen bringen wir in Ordnung. Dafür sorgt schon die Eitelkeit. Aber wie chaotisch sieht der innere Mensch bei den meisten von uns aus! Muffig, wortfaul und missgelaunt sind wir oft schon während der Anfahrt. Von einer inneren Seelenhygiene kann also gar nicht die Rede sein.

Stimmungspflege ist aber mindestens so wichtig wie Körperpflege. Stimmungspflege ist Gesundheitspflege, denn unsere Stimmung kommt aus dem Gefühlsbereich. Sie ist die Auswirkung unterbewusster Gedanken. Unzufriedenheit, Ärger, Minderwertigkeitsgefühle und Neid verdrängen wir meist und wollen sie nicht wahrhaben. Unterbewusst aber gären solche Gefühle, unterminieren unser Wohlbefinden und drücken sich aus in Nörgelsucht, Besserwisserei und chronischer schlechter Laune. Solche verhängnisvollen geistigen Giftstoffe wirken sich auch äußerlich aus. Stoffwechselstörungen, schlapper Kreislauf, allergische Haut und scharfe Mundwinkelfalten entstehen dadurch. Stimmungspflege ist also tatsächlich Gesundheitspflege.

Sport und Hobby – eine befriedigende Freizeit also – sind fabelhafte Stimmungsmacher, die auch auf den Arbeitsalltag positiv ausstrahlen. Malen Sie sich ein hübsches, buntes Schild und stellen Sie es an Ihrem Arbeitsplatz auf:

*Heute ist ein schöner Tag!*
*Ich freue mich, dass ich lebe!!*

Ärger macht alles ärger! Sich viel und oft zu ärgern, ist der Beweis für ein geschwächtes Nervenkostüm. Ärger entsteht, wenn die Dinge anders laufen, als wir sie uns vorgestellt haben. Ärger aber hat nur Sinn, wenn er konstruktiv ist, wenn Sie also die ärgerliche Erfahrung umsetzen in ein zukünftiges Bessermachen, Andersmachen, z. B. Partner und Mitarbeiter besser informieren, nicht zu viel als selbstverständlich voraussetzen, zeitlich nicht zu knapp kalkulieren, nicht das eigene Arbeitstempo für andere zugrunde legen, viel geduldiger sein. Wenn man sich immer wieder über dieselben Dinge ärgert, hat man immer wieder dieselben Fehler gemacht. Ärger ändert nichts – aber er führt mit Sicherheit zu Magengeschwüren, Bluthochdruck und schlechter Laune. Durchbrechen Sie diesen Kreislauf, machen Sie nicht mit! Üben Sie Gedankendisziplin!

*Nie, nie schimpfen!!*

Schimpfen macht den Partner bockig und widerspenstig. Schimpfen verletzt und deprimiert und tötet jede Arbeitsfreude. Schimpfen ist eine Art von Körperverletzung!

Wenn Sie chronische Missstimmung haben – finden Sie die Ursache heraus! Pflegen Sie Ihre Gesundheit besser. Lernen Sie völlig abzuschalten, gestalten und genießen Sie den Feierabend und das Wochenende. Nehmen Sie niemals Ärger mit in Ihr Bett, denn über Nacht hat er so richtig Gelegenheit, in Ihrem Unterbewusstsein zu gären. Daraus folgt schlechter Schlaf, Alpträume, miese Laune und weitere Bereitschaft zu noch mehr Ärger am nächsten Tag. Ein Teufelskreis, der immer größer wird.

Ärger muss sich Luft machen!

Buchstäblich. Also atmen Sie 20-mal tief durch. Danach noch 20 Kniebeugen am offenen Fenster – das hilft bestimmt. Dann können Sie lächeln, selbst wenn Sie aus der Puste sein sollten.

Ihre Stimmung verrät Ihr Innenleben. Kein Mensch kann sich dauerhaft beherrschen. Chronisch schlechte Laune ist Sabotage an der Gesundheit, sowohl der eigenen als auch der Ihrer Mitarbeiter. Denn Stimmung – jede Art von Stimmung – wirkt ansteckend.

Finden Sie heraus, was Ihre Laune hebt. Verschönern Sie den Alltag, er ist viel länger als der Sonntag, er kostet die meiste Zeit und Zeit ist das, woraus das Leben gemacht ist. Die beste, ehrlichste und dauerhafteste Hochstimmung kommt vom idealen Liebespartner. Solange Sie den (oder die) nicht gefunden haben, bleiben alle anderen Stimmungsmacher nur Augenblickslösungen.

| **Stimmungsmacher** | |
|---|---|
| Freundlichkeit | Lächeln! Lächeln! Lächeln! |
| Körperfrische | Musik |
| Gute, praktische Kleidung | ruhige Selbstsicherheit |
| Freundschaft | schöne, warme Farben |
| Lächeln | angenehme Raumtemperatur |
| Tee | Lächeln |
| innere Zufriedenheit | hübsche Arbeitsgegenstände |
| Morgengymnastik | warme, klare Stimme |
| Parfum | Lächeln |
| Schlagfertigkeit | Geduld |
| Lächeln | Rücksichtnahme |

| Stimmungstöter | |
|---|---|
| Ärger | Sorgen |
| Schimpfen | Hektik |
| Unzuverlässigkeit | Arroganz |
| Klatsch und Tratsch | Rechthaberei |
| Geiz | schrille, laute Stimme |
| Neid | Mangel an Selbstdisziplin |
| Mund- und Körpergeruch | Schmerzen |
| Angst | Eifersucht |
| Schlafmangel | Verzicht auf Frühstück |

# Ist Aggression ein Zeichen von Selbstbewusstsein?

*Wir alle möchten Sieger sein in unserem Leben und tendieren daher zu der Ansicht, wer siegen will, muss kämpfen.*

Das Leben ist für viele Menschen ein Kampf; denn nur so kann man nach ihrer Ansicht siegen. Wir wollen die Richtigkeit dieser Aussage heute einmal genauer untersuchen und uns fragen: kämpfen – gegen wen? Und was geschieht z. B. mit dem Besiegten? Wie reagiert er? Vielleicht können wir versuchen, das gesamte Thema von einer höheren Warte aus zu betrachten.

Leben heißt sich entfalten und wachsen. Ist dieser Prozess ein Kampf? Kämpft die Natur mit dem Frühling und dem Winter?

Wir alle möchten uns behaupten, möchten uns durchsetzen und möchten den Lebenskampf gewinnen. So betrachtet, müsste das ganze Leben ein einziger Kampfplatz sein. Kämpfen klingt so frisch, doch führt der Kampf allein zu nichts.

Die Geschichte hat uns gelehrt: Kriege lösen keine Probleme, es entstehen neue dadurch.

Es gibt Menschen, die fühlen sich erst richtig wohl, wenn sie kämpfen können, und erleben ihr aggressives Verhalten als Stärke. Es ist richtig, Aggression setzt Energie voraus, aber verwendet der Aggressive die Energie zum Kämpfen oder um ein Ziel zu erreichen?

Viele von Ihnen kennen den Grundgedanken: »Die Welt ist nicht vollkommen, und der Mensch ist nicht vollkommen.«

Aus diesen zwei Minuspunkten entsteht die Problematik unserer Existenz. Die wichtigste Frage ist, gelingt es dem Aggressiven mit aller seiner entwickelten Energie, die Aufgaben bzw. Probleme schneller und besser zu lösen?

In einem Lexikon fand ich unter dem Stichwort *Aggression* die Definition: »Das psychologische Phänomen Aggression ist ein gereiztes, herausforderndes Verhalten eines Menschen mit der Tendenz, den anderen zu schädigen. Es entsteht oft durch dauernde Enttäuschung und Frustration, also durch Belastungen im Alltagsleben. Im täglichen Leben, im Straßenverkehr, bei der Kindererziehung, im Erwerbsleben führt aggressives Verhalten zu großen Belastungen der Partner und häufig zum unsachlich ausgetragenen Konflikt.«

Die Aggression begegnet uns täglich in vielen Schattierungen. Sie zeigt sich z. B. als Ehrgeiz, Eitelkeit, Eifersucht, Neid, Geiz, Hass, Überheblichkeit, Arroganz, Zorn oder als Recht des Stärkeren.

Je nach ihrer Lebenssituation setzen viele Menschen die verschiedenen Strategien ein, um sich durchzusetzen.

Gewinnt der Aggressive seinen Kampf nicht – trotz seiner vielen eingesetzten Energien –, richtet sich diese Aggression gegen ihn selbst. Und wir diagnostizieren bei ihm: Magenkrämpfe, Darmerkrankungen, Gallenleiden und nicht zuletzt Herzerkrankungen. Viele Wissenschaftler und Forscher haben die verschiedensten Aspekte der Aggression untersucht. Sigmund Freud, Konrad Lorenz und auch Erich Fromm haben eine große Abhandlung über die menschliche Destruktivität geschrieben. Über die Auswirkungen der Aggression sind sich fast alle Forscher einig; der große Streitpunkt bleibt aber der Ursprung dieser negativen Gefühlswallungen.

Beim Menschen müssen wir völlig verschiedene Arten von Aggressionen unterscheiden. Die erste, die er mit allen Tieren gemein hat – die gutartige Aggression – dient dem Überleben des Individuums. Die andere Art, die bösartige Aggression, das heißt, die Destruktivität und Grausamkeit, ist nicht erblich bedingt, sie ist nicht erlernt. In der Vergangenheit konnten wir oft beobachten, dass die Theorie von der angeborenen Aggressivität leicht zur Ideologie werden kann. Wenn wir einmal einen aggressiven Menschen gründlich analysieren, erkennen wir oft in seinem Charakter Ansätze von Angst, Unsicherheit und Pessimismus sowie Minderwertigkeitskomplexe. Diese Schattenseiten seines Wesens übersteigert der aggressive Mensch, weil er glaubt, dadurch andere einschüchtern zu können, um seine Ziele zu erreichen. Er investiert viel Energie und schießt damit oft über das Ziel hinaus. Insgeheim lebt er immer in der Angst, nicht geliebt zu werden; er will jedem durch seine Aktionen beweisen, wer er ist und was er ist. Er muss, so glaubt er, sich immer rechtfertigen, sich stets beweisen. Und es kämpft der Aggressive in den verschiedensten Lebenssituationen und selbst dort, wo es völlig sinnlos ist und ihm persönlich schadet.

In der Regel setzt er sich über alles hinweg. Er versucht sich durchzusetzen ohne Rücksicht auf Verluste, oder er trifft auf einen anderen Aggressiven, und der Krieg beginnt, die Fetzen fliegen. So kommt es auch in der Ehe oft zu einem langen Kampf, bei dem jeder Partner den anderen für die Kränkungen zu strafen versucht, die sich im Lauf der Zeit anhäufen.

Es ist gut zu wissen, dass hinter der Aggression die verschiedensten Formen von Kontaktschwäche stehen. Darum entwickelt sich der Aggressive nicht zum Mitmenschen, sondern zum Gegenmenschen. Er ist nicht darauf vorbereitet, die Aufgaben des Lebens befriedigend und konstruktiv zu lösen. Er errichtet Trennwände zwischen Ich und Du oder zwischen Ich und Wir. Kämpferische Charakterzüge aller Art sind Reaktionen auf die Lebensangst, die aus einer disharmonischen Grundorientierung wächst. Wer wirklich etwas kann oder weiß, hat es nicht nötig, fortwährend Beifall zu erhaschen. Würde man die Gehirnströme eines aggressiven Menschen messen, würde man feststellen, dass er dauernd im Betazustand mit einem entsprechend hohen Adrenalinspiegel ist.

Da wir die Menschen so akzeptieren müssen, wie sie sind, stellt sich die Frage, wie man mit einem aggressiven Menschen umgeht. Wie behandelt man ihn, damit er nicht dauernd mit uns Kriege führt.

Über Folgendes sollten Sie einmal länger als eine Minute nachdenken. Können auch Aggressionen durch schlechtes Verhalten provoziert werden? Da Sie immer wieder auf aggressive Menschen stoßen, wäre es am besten, sich ein gutes Verhaltensmuster zu schaffen, auf das Sie sich verlassen können. Überlegen Sie bitte einmal, welche Methode Sie bisher entwickelt und angewandt haben, um Aggressionen zu entschärfen und in Harmonie zu verwandeln.

Zunächst einmal besteht für Sie nicht der geringste Grund, sich einschüchtern zu lassen oder sich selbst in den Betazustand zu begeben. Gerade im Angesicht eines Aggressiven heißt es, ruhig, gelassen und mutig zu bleiben. Folgendes Verhalten wird sich immer wieder bewähren:

1. Behalten Sie Ihre heitere Gelassenheit.
2. Hören Sie sichtbar zu.
3. Stimmen Sie bedingt zu.
4. Fragen Sie.
5. Finden Sie Gemeinsamkeiten.

*Zu 1. Behalten Sie Ihre heitere Gelassenheit.* Da Sie in Alpha bleiben, lassen Sie sich auch nicht von negativen Stimmungen anstecken. Es entsteht ein weicher Puffer.

*Zu 2. Hören Sie sichtbar zu.* Ihr Augenkontakt ist wichtig. Schauen Sie aber nicht zu sehr in die Augen, sondern konzentrieren Sie sich stärker auf den Mund des Gesprächspartners.

*Zu 3. Stimmen Sie bedingt zu.* Die bedingte Zustimmung ist kein absolutes Rechtgeben, sondern ist eher ein Verständnis für die Gründe des anderen.

*Zu 4. Fragen Sie.* Wer fragt, führt das Gespräch. Fragen ist ein Zeichen innerer Stärke und Interesse. Je mehr Sie fragen und den Partner sprechen lassen, umso eher verpuffen seine Aggressionen.
*Zu 5. Finden Sie Gemeinsamkeiten.* Ist die Atmosphäre wieder entspannt, finden Sie in der Regel genügend Punkte, die Sie gemeinsam erreichen wollen und können.

Erfolgreich sind wir nur, wenn wir gelernt haben, positiv zu reagieren. Können wir aber auf Angriffe positiv reagieren? Die meisten Aggressionen und Widerstände werden ja nur dadurch stark, dass wir gegen sie anrennen! Warum also kämpfen, wenn es auch anders geht? Wir kämpfen nicht, wir bringen Nutzen. Und wer anderen Nutzen bringt, kann sich ohne Aggressionen durchsetzen.

Wir haben bisher über andere gesprochen, doch wie sieht es mit unserem Verhalten aus? Für Sigmund Freud bedeutet Selbsterkenntnis, dass der Mensch sich dessen bewusst wird, was unbewusst ist. Wir wissen, dass der Charakter eines Menschen auch davon abhängt, was ihn frustriert und mit welcher Intensität er auf Frustration reagiert. Wie setzen wir uns durch? Sind wir selbstbewusst genug, um eigene Schwächen zu erkennen, haben wir den Wunsch vielleicht, daraus Stärke zu machen? Im Grunde wissen wir es doch genau: Wenn wir aggressiv handeln, zwingen wir den anderen in der Regel, genau so aggressiv zu reagieren. Wir sollten lernen, üben und trainieren, uns weich durchzusetzen. Natürlich leben wir zwischen Yin und Yang und zwischen Krieg und Frieden in dieser Welt. Darum ist es täglich erneut wichtig, seine eigene Mitte zu finden. Erich Fromm formulierte dies so treffend: »Es gibt nur einen Weg zur Einheit, der gelingen kann, ohne den Menschen zu verkrüppeln. Dieser Versuch wurde im ersten Jahrtausend vor Christus in allen hoch entwickelten Gesellschaften unternommen, in China, in Indien, in Ägypten, in Palästina und Griechenland. Die großen Religionen, die dem Boden dieser Kulturen entsprungen sind, lehrten, dass der Mensch die Einheit nicht durch das tragische Bemühen erringen kann, seine innere Zerspaltenheit durch die Ausschaltung der Vernunft aufzuheben, sondern allein dadurch, dass er seine Vernunft und seine Liebe voll entwickelt.«

# Jedes NEIN ein Prüfstein

Unser Verhalten, unsere Reaktionen beim NEIN zeigen ganz deutlich, wie wichtig unsere positive Grundeinstellung ist. Der selbstbewusste Mensch wird bei einem NEIN ganz anders reagieren als der schüchterne. Wie wichtig eine positive Grundeinstellung ist, kann das nachfolgende Beispiel deutlich machen; ich lernte es von einem Seminarteilnehmer kennen:

Im Jahre 1949 erschien in Hannover eine Anzeige der Firma Bahlsen: »Verkaufsleiter gesucht«. Ein deutscher Offizier, aus der Gefangenschaft zurückgekehrt, bewarb sich um diese Position, da er in seiner Offiziersausbildung sehr viel über Menschenführung gelernt hatte. Vierzehn Tage später bekam er eine schriftliche Absage.

Wie reagierte er auf diese Absage? Er zog seinen besten Anzug an, er konnte auftreten, er kam vom Portier zur Sekretärin, und die Sekretärin öffnete die Tür zum Büro des Chefs.

Der Chef fragte ihn: »Was kann ich für Sie tun?« Der Offizier überreichte dem Chef den Absagebrief. Dieser las ihn gründlich und sagte dann: »Wir haben Ihnen doch alles mitgeteilt?«

»Ja, gerade darüber möchte ich mit Ihnen einmal sprechen«, antwortete der Offizier. Zwanzig Minuten später war er eingestellt, denn sein Verhalten hatte den Chef überzeugt. Hier handelte es sich um einen Mann, der das NEIN nicht akzeptierte, aber die Herausforderung. Genau solch einen Mann hatte man für die ausgeschriebene Position gesucht.

Diese Geschichte habe ich Ihnen erzählt, um Sie wieder einmal aufzufordern, in Ihrem Unterbewusstsein zu forschen, wie oft auch Sie Gelegenheit hatten, auf ein NEIN positiv zu reagieren. Vielleicht können Sie sich auch mit dem nächsten Beispiel identifizieren:

Sie sind in eine Frau verliebt und laden sie zum Essen ein. Die Frau reagiert mit einem NEIN. Wenn Sie dieses NEIN akzeptieren, so haben Sie der Dame Ihres Herzens deutlich gemacht, dass Sie im Grunde an ihr gar nicht interessiert waren, denn würden Sie die Dame wirklich lieben, würden Sie es ein zweites, ein drittes, ein viertes, ein fünftes Mal, Sie würden es immer wieder probieren. Sie erkennen, das NEIN ist für uns der Prüfstein, ob wir wirklich etwas wollen.

Am Anfang vieler langer und glücklicher Partnerschaften stand das NEIN eines Partners. Wie oft hat Ihr Partner NEIN gesagt? Vier- oder fünfmal? Wie viele Wochen mussten Sie warten? Lernen wir, wie wichtig es ist, das NEIN nicht als etwas Endgültiges zu akzeptieren. Das NEIN sollte Sie motivieren, noch mehr Begeisterung zu zeigen. Das NEIN hat viele Gesichter. Was kann es in Wirklichkeit heißen?

Morgen vielleicht: Ich brauche bessere Informationen, ich bin noch unsicher, ich habe Angst vor einer Enttäuschung. Ganz selten ist das NEIN wirklich ein NEIN, etwas Endgültiges.

## Beim NEIN fängt erst die Verhandlung an

Betrachten Sie das NEIN eines Verhandlungspartners nie als endgültige Stellungnahme. Häufig ist ein NEIN nur ein Ersatz für das Wort »Warum?«

Einwände bei jeder Art von Verhandlung sind selbstverständlich. Einwände sind Fragen oder Forderungen. Einwände sind Wissenslücken des anderen. Ob Sie Ihrem Kunden eine neue Maschine oder eine Lebensversicherung verkaufen wollen oder Ihrer Partnerin den Kauf eines neuen Wagens schmackhaft machen wollen – der Gesprächspartner wehrt sich erst einmal. Ohne Einwände und Widerstände bräuchte es überhaupt keine Verhandlungen zu geben. Einwände sind Mittel

Ihres Partners, um Verhandlungserfolge zu erzielen; deshalb müssen sie durch Fragen analysiert werden. Durch gute Verhandlungsvorbereitung und geschickte Verhandlungsführung machen Sie aus Einwänden Zustimmung. Agieren ist bei Verhandlungen besser als reagieren.

*Das ist die Kunst der Verhandlungen und des Friedensschlusses:*
Das Nein zerstört.
Das Nein ist der Ausschalter.
Das Ja ist der Einschalter.
*Das Ja baut auf!*

# Wie wird man zur Persönlichkeit?

*Menschenkenntnis führt zur Selbsterkenntnis. Selbsterkenntnis führt zur Menschlichkeit.*

Wer möchte nicht von anderen anerkannt, bewundert und gefragt werden? Wer möchte nicht gern bei anderen beliebt sein? Wer möchte nicht, dass man ihn spontan als zuständige Instanz anerkennt?

Jeder Mensch möchte ein solche Persönlichkeit sein, für die der andere Achtung und Zuneigung empfindet?

Warum gelingt es aber so wenigen?

Eine einflussreiche Persönlichkeit wird man nicht über den Willen und auch nicht über noch so großen Macht- oder Geldeinfluss. Der Weg zur Persönlichkeit führt nur über die Bewusstseinserweiterung und den kontrollierten Umgang mit sich und anderen.

Einflussreiche Personen haben deshalb Einfluss, weil andere ihnen vertrauen. Niemand vertraut jedoch einem Menschen, der ihm Schaden zufügt, ihn ausnutzt oder schlecht über ihn redet. Also sucht eine einflussreiche Persönlichkeit immer nach positiven Eigenschaften in anderen Menschen und bestätigt diese.

»Eigenschaften und Fähigkeiten die wir an anderen bemerken, davon tragen wir den Stempel in uns selbst. Indem wir andere rühmen, loben wir uns selbst«, erkannte Goethe.

Das 11. Denkgesetz ist der Kernsatz zur Entfaltung der Persönlichkeit: »Beachtung bringt Verstärkung. Nichtbeachtung bringt Befreiung«. Indem ich meine eigenen Fähigkeiten und Stärken beachte und ausbaue, entfalte ich mich zu meiner Bestimmung und persönlichen Größe. Indem ich die Fähigkeiten und Stärken anderer beachte und bestärke, verhelfe ich anderen zur Persönlichkeit oder zur Befreiung ihrer Persönlichkeit.

*Keiner wird groß, der andere verachtet.*
Wir leben in einer Welt der Beweise, der Verordnungen und des Rechtbehaltens. Zu keiner Zeit gab es so viel Rechtsstreitigkeiten und überlastete Anwälte und Gerichte wie jetzt. Dabei ist es den wenigsten klar, dass ein Beweis - und sei er noch so klein - so etwas wie eine Vergewaltigung ist. Der Partner soll gezwungen werden, dem Beweis-Akrobaten - ob in der Firma - in der Familie - in der Politik oder am Biertisch - vorbehaltlos zuzustimmen. Tut er das nicht, wird er beschimpft, für dumm gehalten und verachtet.

Von den meisten Beweisen kann der Partner die Unsinnigkeit mangels Kompetenz oder mangels Wissen nicht widerlegen oder ist zu höflich, um ein neues, schweres Geschütz aufzufahren.

Kurz und gut: Durch Beweise und Anordnungen können wir unsere Partner vorzüglich vor den Kopf stoßen und gegen uns einnehmen, statt sie zu öffnen und gemeinsam den richtigen Weg zu finden.

Die Steigerungsform für den falschen Umgang mit Menschen ist die Verachtung durch

- Gestik: zum Beispiel dem Mitarbeiter keinen Sitzplatz anbieten,
- Worte: scharfe Anweisungen oder Zynismus, ohne Namensanrede mit jemanden sprechen und vergessen, »Bitte« und »Danke« zu sagen,
- Inhalte: »Wie oft habe ich Ihnen schon gesagt ...«

### Die Stufen der positiven Beeinflussung

Jedes Gespräch mit anderen Menschen muss ein Ziel haben, um es wirkungsvoll zu führen.

- Das Gespräch mit dem Mitarbeiter hat das Ziel, ihn für eine neue, zusätzliche Aufgabe zu interessieren, statt sie anzuordnen.
- Das Gespräch mit dem Vorgesetzten hat das Ziel, ihn zu überzeugen, dass die Absatzstagnation durch eine durchdachte Strategie zu verändern wäre, statt resignierend mit den Schultern zu zucken.
- Das Gespräch mit der Tochter hat das Ziel, den Widerstand gegen den Lehrer zu lösen, statt ihr Bockigkeit auch gegen die Eltern vorzuwerfen.
- Das kurze Gespräch mit dem Nachbarn hat das Ziel, ihm das persönliche Wohlwollen zu bestätigen.
- Das Gespräch mit dem Lebenspartner hat das Ziel, ihn über den eigenen Berufs- und Aufgabenkreis zu informieren und zu interessieren, statt ihm klarzumachen, dass er davon ohnehin keine Ahnung hat.

Als deutlich lesbare Tafel sollte bei jedem Gespräch imaginär vor Ihnen stehen. »Was will ich mit diesem Gespräch erreichen?«

Wenn Sie das nicht tun, schwätzen Sie viel, verrennen sich sogar in eine Nebenrichtung, aber sagen wenig.

Persönlichkeiten führen jedes Gespräch, jedes Telefonat, jede Rede kontrolliert nach den fünf Stufen der Beeinflussung:

1. Den Gesprächspartner aufschließen durch Sympathievermittlung.
2. Den Gesprächspartner interessieren durch Vorteile und Angebote.
3. Den Gesprächspartner überzeugen durch Argumente und Begründungen.
4. Den Gesprächspartner beeinflussen durch Motivation.
5. Den Gesprächspartner gewinnen durch Glaubwürdigkeit.

Auch an diesem Stufen-Aufbau erkennen Sie das 11. Denkgesetz: »Beachtung bringt Verstärkung«. Beachten Sie diese fünf Stufen künftig bei jedem Gespräch, und Sie werden selbst mehr Beachtung, mehr Informationen, bessere Resultate, mehr Anerkennung und damit mehr Erfolg finden. Und damit sind Sie auf dem Wege zu einer einflussreichen Persönlichkeit schon die wichtigsten Stufen gegangen.

*Persönlichkeiten überzeugen durch:*
Charisma statt durch Härte,
durch Interesse statt durch Ablehnung,
durch Liebe statt durch Dominanz.

# Vom Ideal zur Wirklichkeit

**Ideal**

*Wer irgend ein Ideal,*
*das er ins Leben ziehen will,*
*in seinem Inneren hegt und*
*nährt, ist dadurch gegen die*
*Gifte und Schmerzen der*
*Zeit gefeit.* (Jean Paul)

Es gibt Wünsche, die nie altern. Und einer der ältesten Wünsche der Menschen ist, glücklich zu sein. Wir alle sind Zeit unseres Lebens auf der Suche, auf dem Weg zum Glück. Aus diesem Grunde stellen wir uns heute die Frage, was geschehen müsste, damit dieses Jahr ein schönes, ein glückliches, ein ideales Jahr wird?

*Beim Planen, beim Vorausdenken unserer Zukunft, flüchten wir nicht aus unserer Wirklichkeit in Illusionen, sondern wir begreifen unser Heute als das Fundament für Morgen.*

Was wir brauchen, um unser Morgen zu gestalten, sind nicht Ziele um jeden Preis, es müssen persönlichkeitsgerechte Ziele sein. Ziele, die seit unserer Jugend in uns ruhen.

So wie sich ein Mann nicht in jede Frau verlieben kann, so kann auch ein Mensch nicht jedes Ziel anstreben. Persönlichkeitsgerechte, ureigene Ziele sollten wir verfolgen und realisieren.

»Was macht mich seit langem unglücklich?«

»Worüber ärgere ich mich schon lange?«

Die schriftliche Beantwortung dieser Fragen hilft Ihnen, sich über Ihre Grundproblematik bewusst zu werden.

Wenn wir das Leben eines Menschen analysieren, gibt es oft kritische, aussichtslose Situationen, in denen – auch beim besten Willen – der Satz »Ich kann, was ich will« unglaubwürdig ist. In solchen Situationen kann sogar der Wille, ein übertriebener Ehrgeiz, den ganzen Menschen verkrampfen und noch unglücklicher machen.

Aber selbst in den ausweglosesten Situationen des Lebens hat der Mensch noch die Fähigkeit, sich das Ideale, das Vollkommene zu wünschen.

*Hier stehen wir an der Grenze zum Wunder.*

Selbst nach einem schweren Autounfall kann sich jemand noch wünschen, achtzig Jahre alt zu werden. Selbst unmittelbar vor einem Konkurs kann der Chef sich noch wünschen, einen neuen, gewinnbringenden Betrieb aufzubauen und neue Produkte zu produzieren. Selbst mit einem schlechten Zeugnis kann das Kind sich wünschen, einmal Bester zu sein. Ein Mensch kann kurz vor dem Hungertod noch von einem Gänsebraten träumen.

*Mit unseren Wünschen überschreiten unsere Gedanken die Grenze der scheinbaren Realität. Wir dringen in tiefere Bereiche unserer Existenz vor. Die Wirkkraft des Wunsches – seine Macht – ist stärker und größer als die des Willens. Die Kraft des Willens kann sich gegen unser eigenes Naturell richten. Die Kraft des Wunsches aber wirkt immer nur im Einklang mit unserem wahren Ich. Keiner kannte und formulierte diese Erkenntnisse treffender als Goethe:*

»Unsere Wünsche sind die Vorgefühle der Fähigkeiten, die in uns liegen. Vorboten desjenigen, was wir zu leisten imstande sein werden. Was wir können und möchten stellt sich unserer Einbildungskraft außer uns und in der Zukunft dar. Wir fühlen eine Sehnsucht nach dem, was wir im Stillen schon besitzen.«

(Dichtung und Wahrheit)

Ein selbstbewusster Mensch kennt und bekennt sich zu seinen Wünschen. Seelisch unverdorbene Kinder schreiben einen Wunschzettel. Sie haben den Mut, das, was sie sich wünschen, nicht nur zu denken, sondern auch schriftlich festzuhalten.

Es gibt nichts persönlicheres, als die Wünsche eines Menschen. Wünsche weisen uns den Weg. Unsere Wünsche zu verwirklichen, das ist der wahre *erfolgreiche Weg.*

Unsere Lebensaufgabe ist die Entfaltung unserer Persönlichkeit. Sie werden aber keine Persönlichkeit allein dadurch, dass Sie eine Persönlichkeit werden wollen. Hier liegt bei vielen der große Irrtum. Sie werden nur eine Persönlichkeit bei der Verwirklichung Ihrer großen Ziele. Denn um große Ziele zu erreichen, müssen wir alle Fähigkeiten aktivieren, die einen Menschen erst zur Persönlichkeit machen. Persönlichkeit im luftleeren Raum gibt es nicht!

Der Mensch wird erst etwas durch sein Werk, durch sein Tun, durch sein Handeln.

*Mindestens ein Drittel seines Lebens verbringt der Mensch bei seiner Arbeit. Arbeit ist jedoch nicht gleich Arbeit. Es ist ein Unterschied, ob man zur Arbeit gezwungen wird oder aus eigenem Antrieb arbeitet. Ob man eine kreative Arbeit vollbringt oder eine vorgedachte. Ihre Arbeit sollte Ihnen Freude, viel Freude bereiten. Arbeit ohne Freude kann krank machen. Wer keine Freude bei der Arbeitet hat, kann auf Dauer krank werden.*

Freude aber ist das Grundgesetz des Lebens. Alles, was Sie mit großer Freude anfassen, gelingt. Die Konsequenz daraus heißt: Sie benötigen Ihre ureigenen Ziele, die Ihnen sicher Freude bereiten. Ziele, die dem Aufbau Ihrer Persönlichkeitsstruktur entsprechen. Da der Mensch in mehreren Bereichen lebt, sollten wir unsere Ziele in vier Gruppen unterteilen.

1. *Berufliche Ziele*
2. *Private Ziele*
3. *Gesundheitliche Ziele*
4. *Kulturelle Ziele*

Einige Teilnehmer unserer Seminare haben diese Rangfolge kritisiert. Aufgrund meiner zwanzigjährigen Erfahrung und der Kenntnis tausender Lebensläufe möchte ich Ihnen jedoch die Erkenntnis vermitteln, dass ich diese Rangfolge als richtig erkannt habe und nicht die, die einige lieber hören möchten.

Wenn wir unserem Leben wirklich einen Sinn geben wollen, also nicht planlos dahin leben, muss der Beruf – oder besser unsere Berufung, unsere Aufgabe – an erster Stelle stehen.

Gerade im beruflichen Leben sollten wir durch Planung den Zufall soweit wie möglich ausschalten. In der ersten Lebenshälfte ist es vorrangig, seine Fähigkeiten und Stärken zu erkennen und zu entfalten. Dann gilt es, eine Position zu finden, in der man die Fähigkeiten erfolgreich und befriedigend anwenden kann.

In der zweiten Hälfte des Lebens müssen die Ziele ganz anders aussehen. Zum Beispiel: neue, wertvolle Mitarbeiter zu finden oder mehr zu delegieren oder zwanzig Prozent weniger zu arbeiten oder die Nachfolge vorzubereiten.

An zweiter Stelle steht das Privatleben: Ihr Lebenspartner, Ihre Kinder, alles was zur Familie gehört und Ihr Freundeskreis.

Bei der Durchleuchtung Ihrer privaten Seite erkennen Sie, ob zwischen Berufs- und Privatleben eine harmonische Ergänzung besteht oder eine Diskrepanz. Damit können Sie rechtzeitig Konflikte vorhersehen und ausräumen. Es gibt Situationen, in denen die privaten Ziele zunächst das Wichtigste in Ihrem Leben sind. In einem harmonischen Lebenslauf sollte das Berufliche und Private sich ergänzen und die Waage halten. Es sollte also ein sinnvolles Ganzes sein: *Yin und Yang.*

Um beruflich und privat sein Glück auch erleben und genießen zu können, ist drittens die Gesundheit Ihr wichtigstes Gut. Sie wissen, glücklich fühlt sich der Mensch, der im Kraftüberschuss steht.

Ihre Gesundheit ist nicht nur ein Geschenk, sondern sie kann erhalten oder verursacht werden.

Damit Ihr gesamtes Leben eine lange Kette von Höhepunkten ist, sollten Sie viertens nicht nur ein Hobby besitzen.

Sie sollten zu den Menschen gehören, die auch kulturelle Ideale verfolgen. Selbst wenn Sie heute weder Zeit noch Muße dafür haben, sollten Sie schon jetzt beginnen, darüber nachzudenken, welchen schönen Dingen oder Künsten Sie sich widmen wollen, wenn die Zeit dafür reif ist.

Wenn Henry Moore eine große Plastik schaffen wollte, gestaltete er zuerst ein kleines Modell, um danach die große Plastik zu bilden. Auch unsere Ziele, unsere Pläne sind Modelle für die Zukunft.

# Die Macht des Vorbildes

*Das Leben ist zu kurz, um alle Erfahrungen selbst zu machen.*

Wir alle sind auf dem Wege zum Glück – aber es ist schwer zu definieren, was das persönliche Glück eigentlich ist.

Vielleicht können Sie mir zustimmen, wenn ich zusammenfasse: »Glück ist der Zustand der Vollkommenheit.«

Um Glück zu erleben, müssen wir zwei Dinge in unserem Leben erlernen:

- Glück zu verursachen.
- Glück zu erfahren und es zu genießen.

Wir können das Glück nur dann verursachen, wenn wir die Grundlagen einer bewussten Lebensführung kennen und berücksichtigen.

Sie werden bei vielen Ihrer Mitmenschen beobachten können, dass sie durch ihr Leben wie im Traum gehen. Sie leben zwar, aber nicht im Bewusstsein. Wie im Traum nehmen sie Szenen wahr – sind aber nicht erwacht. Sie lassen sich vom Strom der Zeit treiben.

Bewusste Lebensgestaltung heißt jedoch, dass wir unserer selbst bewusst sind. Dass wir uns selbst mit unseren Fähigkeiten und Schwächen kennen und dadurch auch unsere Chancen erkennen und sie nutzen. Es ist leicht einzusehen, dass ein Mensch, der seine vielfältigen Möglichkeiten nicht kennt, sie auch nicht nutzen kann.

Bewusste Lebensführung aber bedeutet, seine gesundheitliche, körperliche, seelische, familiäre, berufliche und finanzielle Situation zu kennen und nach seinen Möglichkeiten und Vorstellungen zu planen und zu gestalten.

Wer seinen eigenen Lebensweg bestimmen will, muss nicht nur einen starken Willen besitzen, sondern vor allem über ein großes Maß an Wissen, Erkenntnissen und Erfahrungen - über den Menschen und seine Welt - verfügen.

Viele Menschen scheinen eine große Angst vor dem eigenen Denken und noch mehr vor dem Lernen zu haben. Leben heißt aber lernen. Überwinden wir deshalb die unbewusste Angst davor.

Lernen wir bewusst die »Erkenntnisse«, die wir benötigen, um den Erfolg unseres Lebens und unserer Zukunft verursachen zu können. Damit unser Glück keine Glücksache ist. Denn Glück hat auf die Dauer nur der Tüchtige, und das ist der Mensch, der sich von den richtigen positiven Impulsen seines Unterbewusstseins steuern lässt.

Was ist nun Lernen: Es ist ein bewusstes und unbewusstes Verankern von Informationen in unserem Gedächtnis.

Eine der wichtigsten Regeln der bewussten Lebensführung heißt, Energien zu sparen, also sich alles, was möglich ist, zu erleichtern. Das soll vor allem auch für die geistige Arbeit gelten.

*Prüfen wir einmal die Fülle der Informationen, die unser Gedächtnis im Laufe der Zeit gespeichert hat, so werden wir feststellen, wie groß der Anteil des »toten Kapitals« ist.*

Dabei sind es große Teile von Informationen und Überzeugungen, die sogar unser Glück, unsere Erfolge und unsere Gesundheit verhindern. Es sind die negativen Suggestionen.

Die Konsequenz für unsere positive Lebensführung muss darum sein, sich in Zukunft verstärkt das wunderbare Wissen um die Erfolgsursachen anzueignen. Zu Beginn unseres positiven Strebens sollten die Grunderkenntnisse stehen:

- *Alles Wissen ist in uns – Lernen ist ein Wiedererinnern der Seele.* (Plato)
- *Alles ist schon einmal dagewesen.* (Ben Akiba)

Da unser Leben zu kurz ist, um alle Erfahrungen selbst zu machen, sollten wir uns durch Konfuzius beflügeln lassen:

Der Mensch hat drei Wege, um klug zu handeln:

1. Durch Nachdenken - das ist der edelste.
2. Durch Nachahmen - das ist der leichteste.
3. Durch Erfahrungen - das ist der bitterste.

Wenn wir Kinder beobachten, erkennen wir, wie stark der Nachahmungstrieb ist. Permanent übernehmen wir bewusst und unbewusst - auch als Erwachsene - Informationen unserer Umwelt. Lernen, wirklich etwas fürs Leben lernen, kann man nur von Menschen, die es besser können als wir. Unser Motto sollte darum in Zukunft heißen:

*Lernen durch Vorbilder.*

Dieser Gedanke ist für viele, die bisher durch eigene Erfolge und Misserfolge - also durch Erfahrungen - gelernt haben, zunächst etwas fremd. Wenn Sie sich aber länger mit dem Vorschlag »Lernen durch Vorbilder« auseinandersetzen, erkennen Sie die großen Vorteile auch für sich.

Vorbilder sind Menschen, die vor uns positive Erfahrungen machten, die wir - wenn wir klug sind - übernehmen können, ohne selbst erst die bitteren Erfahrungen machen zu müssen.

Tag für Tag beschäftigen wir uns mit vielen ungelösten Problemen. Aber zu selten stellen wir uns die Frage: »Wie bekomme ich die Informationen, die mir helfen, meine Aufgaben leichter und schneller zu lösen.«

*Lesen ist so wichtig wie essen.*

Damit sind wir bei der Frage, was man lesen sollte. Fachbücher wenden sich fast immer direkt an den Intellekt. Es ist deshalb kein Wunder, dass viele Menschen Fachbücher spätestens nach zwanzig Seiten weglegen, weil sie zusätzlich durch Stil und Fachwörter zu unverständlich sind.

Dagegen finden Biografien mit ihrem großen Teil emotionaler Informationen einen schnelleren Weg in unser Inneres. Die Informationen sind mit Erlebnissen verknüpft und verankern sich dadurch leichter in unserem Gehirn. Auch aus dieser Erkenntnis können wir für die Zukunft Konsequenzen ziehen.

*Friedrich Schiller bemerkt in* Wallenstein: *»Der Mensch ist ein nachahmendes Wesen.« Viele Menschen haben jedoch eine unbegründete Angst vor Vorbildern. Sie möchten keine Abziehbilder, sondern Individuen sein.*

Nachahmen und Nacheifern ist aber zweierlei. Sie können ein Vorbild immer nur im Bereich Ihrer persönlichen Möglichkeiten nachempfinden.

Zwei Beispiele mögen Ihnen die Möglichkeit verdeutlichen, am Vorbild zu lernen:

In Amerika gibt es eine Stifung für besonders begabte Nachwuchs-Schriftsteller. Die Schüler dieser Stiftung haben im ersten halben Jahr nur eine wichtige Aufgabe, nämlich ihr Vorbild in der Literatur genau kennenzulernen. Von früh bis spät müssen sie dessen Texte abschreiben. Und zwar so lange, bis sich seine Art zu schreiben, sein Wahrnehmungsvermögen und sein Stil in ihrem Unterbewusstsein eingeprägt hat. Erst dann dürfen sie eigene Texte verfassen. Dieser – im Grunde harte Weg – spart schließlich viel Zeit, um seinen eigenen Stil zu finden. Einfach, weil man einen anderen Stil total nachempfunden und analysiert hat.

Ein anderes Beispiel:

Nach dem Krieg hieß es oft in Europa: »Was können die Japaner schon anderes als kopieren. Sie kopieren sogar unsere Leica.« Doch aus diesem Kopieren – in allen Bereichen, vom Autobau bis zum Mikro-Chip – ist inzwischen eine eigene kreative Meisterschaft geworden.

Auch am Beispiel des Malens kann ich den Wachstumsprozess besonders leicht verdeutlichen. Erst wenn ein junger Schüler einen Meister perfekt kopieren kann, beherrscht er auch die Technik des Meisters, und erst jetzt besteht eine reale Chance, über den Meister hinauszuwachsen.

Wer seinen Meister nicht kopieren kann, kann nicht selbst zum Meister werden.

Für diese Behauptung gibt es aus der Geschichte viele Beispiele.

Bei den wirklich Großen können wir immer wieder lesen: »Ich wurde von meinem Lehrer und von meinen Vorbildern geprägt.«

Bei Fernsehdiskussionen konnten wir am Beispiel Henry Kissingers diese Erkenntnis besonders deutlich heraushören. Er kannte die Lebensläufe großer Politiker der Vergangenheit. Und er hatte von ihnen sein Verhandlungsgeschick gelernt. Ein Sprichwort aus Brasilien verdeutlicht seine Lerntechnik:

*»Narren lernen, wenn sie lernen, auf eigene Kosten.*
*Kluge lernen auf Kosten anderer.«*

Entwickeln Sie ab heute für Ihre Zukunft eine neue Lernstrategie. Lernen Sie von anderen, glücklich, gesund und erfolgreich zu leben. Ihre erste Maxime auf diesem Wege ist die Erkenntnis, dass Sie wirklich nur von den Menschen etwas lernen, die es besser können als Sie!

Für Ihre persönliche Praxis ist darum unsere erste Frage besonders wichtig.

»Was will ich lernen? Auf welchen Gebieten und in welchen Bereichen möchte ich mein Können steigern?«

Mögliche Beispiele wären: harmonisches Eheleben – tüchtige Kinder – vitale Gesundheit. Wichtig ist, erst zu wissen, was Sie lernen wollen. Das anschließende bewusste Denken und Lernen beginnt dann immer mit einem Blatt Papier, oder besser, einem Ordner und einem Kugelschreiber.

Notieren Sie zum Beispiel auf der ersten Seite die Namen von drei Ehepaaren, die seit langem ein harmonisches, gemeinsames Leben führen, und beantworten Sie sich selbst schriftlich die Fragen:

- »Wie gehen diese Paare miteinander um?«
- »Was machen sie besser als wir?«
- »Was kann ich von ihnen lernen?«

Auf die zweite Seite schreiben Sie die Namen von drei Ehepaaren, die tüchtige und begabte Kinder haben, und stellen sich die dazu passenden Fragen.

Auf der dritten Seite sammeln Sie Beispiele von älteren, gesunden und vitalen Menschen.

Auf die vierte Seite kommen die beruflichen Vorbilder. Nach Möglichkeit aus Ihrem speziellen Arbeitsbereich oder Ihrer Branche.

Die Seite fünf ist für Ihre finanziellen Leitbilder gedacht. Sie dürfen nicht fehlen. Denn die finanzielle Sicherheit ist für ein ausgeglichenes Leben eine wichtige Voraussetzung.

Die Seite sechs dient dazu, Ihr Kunst- und Kulturverständnis zu vertiefen. Sammeln Sie auch hier wieder die Namen von Personen, die Ihrem Interesse und Ihrem Geschmack entsprechen.

Bewusstes Leben sollte unser gemeinsames Ziel sein. Dabei ist Lernen aus den Erfolgen und Erfahrungen anderer der leichteste Weg, sich auf seine Zukunft vorzubereiten. Um diese gesamte Thematik zu vertiefen, schreiben Sie einmal spontan auf: Wie viele Biografien habe ich schon gelesen? Wie viele Biografien stehen in meinem Bücherregal? Wie viele Biografien haben meine Kinder schon gelesen?

*»Alles ist schon einmal dagewesen«,*
*sagte Ben Akiba, der jüdische Schriftgelehrte.*

Unsere Zukunft, alle Neuentwicklungen, unser Fortschritt beruhen auf den Erkenntnissen der Vergangenheit und der Gegenwart. Was könnte ein Mensch, der sich für erfolgreiche Unternehmensführung interessiert, nicht alles von Bosch, Krupp, Getty oder Onassis lernen?

Was könnte ein politisch Interessierter nicht alles aus den Biografien vieler deutscher und internationaler Politiker lernen?

Ein Mensch, der sich für Musik interessiert und sie wirklich erleben will, kann unzählige Informationen von Bach, Tschaikowsky, Wagner oder Strawinsky erfahren.

*Die ganze Welt ist ein Meer von Gedanken und Informationen. Wir müssen lernen, davon die auszuwählen, die uns interessieren und diese weiterentwickeln.*

Wenn Sie Sportler fragen, welche Vorbilder sie haben, dann können alle spontan mehrere Namen nennen. Wenn man anderen Menschen die gleiche Frage stellt, so sind die meisten irritiert. Sie reagieren verunsichert, weil sie unbewusst fühlen, dass jeder, der keine Vorbilder hat, kein echtes Vorbild sein kann.

Der Seemann braucht Fixsterne, um seinen Kurs zu berechnen. Ebenso sollte jeder Mensch Vorbilder haben, um seinen Kurs zu bestimmen. Vorbilder zeigen ein positives Ziel an, das wir erreichen können.

Die Speicherkapazität unseres Gehirns ist unerschöpflich. Was wir brauchen, ist ein Weg, leicht, schnell und sicher die Erkenntnisse zu gewinnen, die wir benötigen, um ein Leben lang gesund, glücklich und erfolgreich zu werden und zu bleiben. Vorbilder weisen uns den Weg dazu.

*Selbst ein Zwerg sieht weiter als ein Riese, wenn er auf den Schultern eines Riesen steht.*

# Technik der geistigen Arbeit

*Lernen, ohne zu denken, ist eitel; denken, ohne zu lernen, gefährlich.*

Konfuzius

*Die unmittelbare Kenntnis aus dem Gedächtnis ist die Quelle aller unserer Kenntnisse.*

Bertrand Russell

*Das Gedächtnis ist die Schatzkammer und der Hüter aller Dinge.*

Cicero

*I. Maxime*

Der Lernprozess beansprucht gleichermaßen Körper und Geist. Um zu einem erfolgreichen Abschluss zu kommen, benötigen Sie neben den entsprechenden Hilfsmitteln einen zweckdienlichen Raum sowie genügend Zeit.

*II. Maxime*

Lernen Sie nur das, was Sie zur Erreichung Ihrer Ziele benötigen. Aber das, was Sie lernen, müssen Sie gründlich lernen. Streben Sie stets danach, in Ihrem selbst gewählten Fach Meister zu werden.

*III. Maxime*

Beschäftigen Sie sich nur mit solchen Fachbereichen, zu denen Sie eine echte innere Beziehung haben. Nur unter dieser Voraussetzung werden Sie Bestleistungen erzielen können.

*IV. Maxime*
Der höher Begabte unterscheidet sich vom Minderbegabten nicht zuletzt durch den größeren Lernwillen. Halten Sie deshalb Ihren Lernwillen stets lebendig und spannkräftig. Wenn Sie mit 40 bereits nachgeben, gehören Sie mit 50 Jahren zur zweiten Garnitur.

*V. Maxime*
Stellen Sie deshalb ein Fortbildungsprogramm zusammen! Was wollen Sie heute lernen, was im nächsten Monat, was im nächsten Jahr und was im übernächsten? – Schreiben Sie Ihre Lernziele exakt nieder.

*VI. Maxime*
Vor jeder Lektion müssen Sie vorbehaltlos aufnahmebereit sein. Planen Sie für jede Lernstufe eine bestimmte Zeit ein. Ernsthafte geistige Tätigkeit setzt die dazu notwendige innere Bereitschaft voraus. – Sie müssen sich mit den Dingen, die Sie lesen, intellektuell auseinandersetzen.

*VII. Maxime*
Vor jeder Lektion müssen Sie Ihr Lernziel klar umreißen und sich dabei die Frage stellen: »Was will ich heute lernen.«

*VIII. Maxime*
Ermitteln Sie für Ihre Grundwissensgebiete die brauchbare Elementar-Literatur und erwerben Sie diese.

*IX. Maxime*
Wenn neues Wissen aufgenommen wird, muss jedes Wort, insbesondere müssen die Fach- und Fremdwörter restlos verstanden sein. Begehen Sie keinen Selbstbetrug und begnügen Sie sich von Anfang an nicht mit Halb- oder unklarem Wissen.

*X. Maxime*
Versuchen Sie bei jedem Thema, mit dem Sie sich auseinandersetzen, den »roten Faden« zu erkennen. Diese Methode hilft Ihnen, den wesentlichen Inhalt eines Werkes zu erfassen und zu behandeln.

*XI. Maxime*
Vermeiden Sie grundsätzlich, vieles gleichzeitig lernen zu wollen. Zersplitterung rächt sich durch Mehrarbeit und Mehraufwand.

*XII. Maxime*
Nur durch ständige Wiederholung festigen Sie Ihr Wissen.

*Schluss-Maxime*
*Das Geheimnis des großen Erfolges ist – mehr zu lernen und dadurch mehr zu können, als gefordert wird.*

# Zehn Fragen zu Ihrem Ziel

Sie haben einen Plan – ein Ziel. Sie überprüfen dieses Ziel alle zwei Monate. Und Sie planen dann jeweils detailliert neu und überprüfen täglich mit der Checkliste? In Kurzform – aber schriftlich! Denn nur so können Sie feststellen, ob Sie Ihrem Ziel auch wirklich näherkommen. Von Zeit zu Zeit sollten Sie jedoch auch Ihren Plan überprüfen. Er kann sich ändern, weil sich bei Ihnen oder Ihrem Umfeld etwas geändert hat. Sehen Sie sich die folgende Liste in Abständen immer wieder an.

1. Hatten Sie sich für dieses Jahr ein Ziel gesetzt und dieses Ziel schriftlich fixiert? Gibt es bereits eine Planung für das nächste Jahr?
2. Wissen Sie genau, was es für Sie persönlich bedeutet, wenn Sie dieses Ziel erreichen?
3. Können Sie dieses Ziel tatsächlich erreichen? Kennen Sie Ihre körperlichen und geistigen Leistungsgrenzen?
4. Haben Sie einen schriftlichen Ablaufplan gemacht, wie Sie dieses Ziel erreichen wollen?
5. Ist Ihr persönlicher Plan mit anderen Plänen abgestimmt? Mit den Plänen Ihrer Kollegen, Ihrer Mitarbeiter, Ihrer Wettbewerber, mit den Anforderungen des Marktes, Ihrer Familie?
6. Ist Ihr Plan in Phasen und Teilziele eingeteilt?
7. Haben Sie regelmäßig Erfolgskontrollen eingebaut und Kontrollmöglichkeiten vorgesehen?
8. Wissen Sie, wer Ihnen helfen wird, den Plan zu verwirklichen? Arbeitsdelegation – Ratschläge – finanzielle Hilfe – Material und Unterlagen – Know-how?

9. Haben Sie Ihre Zeit richtig eingeschätzt und sie nicht zu 120 % verplant?
10. Haben Sie sich ein Ziel gesetzt und einen Plan gemacht, um dieses Ziel wirklich zu erreichen oder nur um Ihr Gewissen zu beruhigen, oder weil es Mode ist?

## Nur so werden Sie die Nr. 1

Nachdem Sie die vorausgegangenen Kapitel gelesen haben, wissen Sie, dass Erfolg vor allem eine Frage des Charakters ist.

Wissenschaftliche Untersuchungen haben immer wieder bestätigt, dass Erfolg nur zu 35 Prozent vom Fachwissen, aber zu 65 Prozent von der Persönlichkeit eines Menschen abhängt. Was ist nun »Charakter«?

Es gibt unzählige dicke Bücher zu dieser Frage. Sicher haben auch Sie sich schon einmal gefragt, was Charakter ist.

Kurz und bünding formuliert, ist der Charakter die Summe unserer Impulse und Gewohnheiten. Diese Impulse sind im Unterbewusstsein verankert und steuern von dort unser Verhalten. Erfolge und Misserfolge werden genauso wie Gesundheit und Krankheit von den Impulsen im Unterbewusstsein produziert.

Naheliegend ist, dass ein Mensch, der erfolgreich und ein mitreißender Rhetoriker sein will, einen Erfolgscharakter haben muss. Wie kann man nun einen Erfolgscharakter entwickeln? Meine konkrete Anleitung lautet: Man lerne alle Regeln der Rhetorik auswendig, trainiere sie und vergesse sie dann! – Nur so und erst dann wird das Unterbewusstsein schöpferisch und automatisch wirken. Was dann für Außenstehende so natürlich und intuitiv wirkt, ist Ausdruck dafür, dass Ihr Unterbewusstsein die Regeln verinnerlicht hat.

Erfolg ist eine Frage des Verhaltens. Der Erfolg ist also nicht abhängig vom IQ, obgleich dieser durch Rhetorik gesteigert werden kann. Jede Rede hat zwei Teile: zunächst den intellektuellen Teil der Vorbereitung, folgend den emotionalen Teil des Präsentierens, d.h. des Verkaufens seiner Überzeugungen.

Was sollten Sie also tun, nachdem Sie dieses Buch immer wieder studiert und erarbeitet haben? Sie sollten ein Meister des mentalen Trainings werden.

Das regelmäßige Training verändert Ihr Reiz-Reaktions-System, es entstehen neue, positive Verhaltensmuster (Impulse). Der Erfolg wird sich einstellen, garantiert. Sie werden dann nicht krampfhaft bemüht sein, ein mitreißender, motivierender Redner zu sein, Sie sind es!

Alles fließt, alles verändert sich. Aber die Veränderungen gehen so sanft und langsam vonstatten, dass wir oft das Gefühl haben, die Erde bewegt sich nicht, obwohl sie die Sonne mit großer Geschwindigkeit umkreist.

So verändert sich auch der Mensch, sein Charakter, sein Charisma ständig. Lassen Sie sich bitte nicht verunsichern, wenn sich plötzlich das Gefühl einschleicht, es gehe nicht vorwärts oder das Training lohne sich nicht. Gerade in diesen Momenten sollten Sie mit Freude und voller Zuversicht das mentale Training weiter praktizieren, und häufig werden Sie erleben, dass dieser innere Widerstand ein Zeichen dafür war, dass Sie sich einen großen Schritt weiterentwickelt haben. Wenn Sie regelmäßig die Entspannungsübungen machen, werden Sie eine positive, posthypnotische Wirkung erzielen. Der äußere Mensch wird zum Spiegelbild des inneren Menschen.

Sie strahlen im Alltag Ruhe, Sicherheit und noch mehr innere Überlegenheit aus.

# Zeitplanung: Jede Stunde hat nur 60 Minuten

*Wer seine Zeit richtig plant –*
*verlängert und intensiviert sein Leben*

Es gibt unendlich viele Menschen, die nicht mit ihrem Geld umgehen können.

Aber es gibt noch viel mehr Menschen, die nicht mit ihrer Zeit umzugehen wissen.

Ein Mensch, der nicht mit Geld umgehen kann, wird trotz seines guten Verdienstes ein armer Teufel bleiben.

Ein Mensch, der nicht mit der Zeit richtig umgehen kann, vertrödelt nicht nur sein Leben, er ist meist unzuverlässig, unpünktlich, hat nie Zeit, steckt immer voller innerer Unruhe, leidet permanent unter Stress und damit auch unter einem schlechten Gewissen. Erst wird er seelisch und dann körperlich krank.

Er ruiniert sich und in der Regel auch seine Umwelt. Ein Mensch, der nicht mit der Zeit umgehen kann, lebt dauernd im Ärger.

Sie erkennen, unter dem Mikroskop der eigenen Erkenntnis, dass eine der Hauptursachen von Misserfolgen und Krankheit der falsche Umgang mit der Zeit ist.

Wenn Sie Ihre Mitmenschen miteinander vergleichen, scheint es objektiv betrachtet keine Chancengleichheit zu geben. Doch in einem einzigen Punkt haben wir alle die gleichen Voraussetzungen. Für jeden von uns hat der Tag vierundzwanzig Stunden.

Aber alle gehen mit diesen vierundzwanzig Stunden verschieden um. Zeit ist wie treibendes Wasser. Der eine lässt die Zeit nutzlos verstreichen, während der andere die Triebkraft des Wassers zum Aufbau nutzt.

Eines Mittags um 12.40 Uhr stand ein Journalist von seinem Schreibtisch auf, um sich aus einem Automaten einen Kaffee zu holen. Unter der großen Uhr auf dem Gang saßen drei Kollegen und spielten Skat. Auf seinem Rückweg zum Schreibtisch fragte er seine Kollegen:

»Was macht ihr da?«

»Wir schlagen bis 13.00 Uhr die Zeit tot« – war die Antwort. Der Journalist setzte sich daraufhin an seinen Platz und schrieb einen Artikel, den wir uns alle hinter den Spiegel stecken sollten:

»Ein Mensch, der seine Zeit totschlägt, schlägt seine eigenen Chancen tot.«

Dieser Bericht soll Sie anregen, zeitbewusst zu werden. Wie ein Mensch seinen Tag verlebt oder sein Leben führt oder aber umgekehrt, wie er geführt und gegängelt wird, bestimmt nicht nur den Tag, sondern sein ganzes Leben.

Es gibt keinen nebensächlichen, keinen sinnlosen und unwichtigen Tag in unserem Leben. Jeder Tag mit seiner Wachstumskraft ist wichtig. Jeder Tag ist eine Grundeinheit unseres Lebens. Und jeder Mensch hat die große Chance etwas zu erreichen, was er bisher noch nicht erreicht hat.

Wir können Stunden und Monate über unsere Vergangenheit nachdenken, wir können Tränen darüber vergießen. Ändern können wir unsere Vergangenheit nicht mehr. Was wir jedoch gestalten und verändern können, das ist unser Heute und vor allem unser Morgen. Solange wir atmen, können wir gestalterisch wirken und unsere Welt verändern.

Keinem Regisseur würde es einfallen, ein Theaterstück ohne Planung und ohne Proben aufzuführen. Das Leben vieler Menschen sieht jedoch aus wie ein andauerndes Stegreif-Theater.

Der Mensch trägt als einziges lebendes Wesen schöpferisch-gestalterische Fähigkeiten in sich.

Vielleicht kann das nachfolgende Zitat von Goethe uns helfen, unsere Lebenssituation zu verstehen:

»Immer strebe zum Ganzen
und kannst du selbst
kein Ganzes werden
als dienendes Glied
so schließ an
ein Ganzes dich an.«

Entfaltung ist mehr als Erhaltung. Wer nur auf die Erhaltung seines Lebens bedacht ist, der hindert sich an seiner Entwicklung. Bewusste Lebensführung beginnt immer mit Selbsterkenntnis, darauf erst erfolgt die Selbstorganisation.

Erst aus dieser inneren Ordnung erwächst eine glückliche und erfüllte Zukunft.

An jedem Morgen wünschen wir allen, denen wir begegnen, einen Guten Morgen und einen Guten Tag. Aber wie wenig tun wir selbst dazu, dass jeder neue Tag ein guter Tag wird?

»Alle Macht des Menschen besteht aus einer Mischung
von Zeit und Geduld.«
(Honoré de Balzac)

Menschen, die keine Zeit haben, sind in der Regel Menschen, die nicht genau wissen, was sie wollen.

Sicher, viele Menschen sind überlastet und haben zu viele Aufgaben. Aber sollte man nicht gerade in solchen Fällen die Lösung mit einer neu orientierten Selbstorganisation beginnen? Planmäßiges Denken beginnt mit Papier und Bleistift. Sie sollten nicht nur analytisch denken, Sie müssen Ihre eigenen Gedanken sehen. Darum schreiben Sie sich einmal alle Aufgaben der nächsten Woche auf, ohne sie geordnet zu haben. Wenn Sie diese Liste prüfen, werden Sie feststellen, dass nicht alle Aufgaben gleichermaßen dringend und wichtig sind. Sortieren Sie Ihre gesamte Wochenarbeit in A-, B- und C-Aufgaben.

- A-Aufgaben: äußerst dringend und wichtig, sofort zu erledigen;
- B-Aufgaben: wichtig, bald zu erledigen;
- C-Aufgaben: können delegiert werden oder auch noch liegen bleiben.

Wenn Sie sich dieses System zur Regel machen, werden Sie mit Ihrer Zeiteinteilung wesentlich besser zurechtkommen und vor allem die Prioritäten der einzelnen Aufgaben nicht aus dem Auge verlieren.

Die Leute, die niemals Zeit haben, tun am wenigsten (Lichtenberg)

Sie haben nur dann Zeit, wenn Sie sich Zeit nehmen. Für das persönlich Wichtige findet der Mensch immer Zeit. Auch Sie kennen sicher Menschen, die bei jeder Gelegenheit sagen, dass Sie keine Zeit haben und in Eile sind. Da sie sehr schnell sind, müssten sie im Leben schneller vorwärts kommen. Doch treffen Sie diese Menschen zwei Jahre später wieder, haben sie es immer noch sehr eilig, nur weiter sind sie nicht gekommen. Sie treten immer noch auf der Stelle, aber dafür besonders hektisch und beschäftigt.

Ich habe viele Menschen kennengelernt, die angeblich keine Zeit hatten. Plötzlich verliebten sie sich. Sie glauben gar nicht, wie viel Zeit sie jetzt auf einmal hatten. Dabei spielt es überhaupt keine Rolle, ob sich jemand in einen Menschen oder in ein Hobby verliebt. Es kann auch ein Buch oder eine neue, reizvolle Aufgabe sein.

Zeit haben für das Wichtigste setzt voraus, dass man weiß, was für einen wichtig ist! Sonst wird unsere kostbare Zeit von unwichtigen und nebensächlichen Dingen aufgefressen.

Was bedeutet das konkret für Sie persönlich? Stellen Sie sich in einer ruhigen Stunde die Frage:

»Was sind die wichtigsten Dinge meines Lebens, meiner Zukunft und meiner Planung?«

Ich wiederhole einen wichtigen Satz: Menschen, die keine Zeit haben, wissen nicht genau, was sie wollen.

Wenn für einen Menschen das Tennisspielen wichtig ist, findet er in der Regel auch die Zeit dazu. Wenn für einen anderen das Golfspielen wichtig ist, kann man ihn trotz Arbeitsüberlastung auf dem Golfplatz finden. Wenn für einen Menschen seine rhetorischen Fähigkeiten und positive Motivation wichtig sind, findet er auch Zeit für den Besuch eines Seminars. Darum müssen Sie sich immer wieder die Frage stellen: »Was will ich erreichen?«

Erst wenn Sie diese Frage ganz konkret beantwortet haben, können Sie sich die nächste Frage stellen: »Welche Menschen und Informationen können mir helfen, dieses Ziel zu erreichen?«

*Es gibt Diebe, die nicht bestraft werden und den Menschen doch das Kostbarste stehlen: Die Zeit.* (Napoleon)

Der wirklich große Lebenserfolg kommt niemals durch die tausend Kleinigkeiten unseres täglichen Alltags, sondern stets durch das Besondere. Das Besondere, das Einmalige ist immer das Resultat von großer Konzentration.

Die vielen hundert kleinen »C-Aufgaben« zerfressen unsere Schwungkraft. »Konzentration auf das Wichtigste«, unter dieser Überschrift sollten Sie Ihre Zeiteinteilung stellen.

Um die Ursachen eines Erfolgszieles zu verdeutlichen, stellen Sie sich den Erfolg abstrakt als Ergebnis von 100 Prozent vor und Ihren Tagesablauf auch als 100 Prozent. Viele Analysen haben als interessantes Ergebnis erbracht, dass der 100-prozentige Erfolg in der Regel nur mit 20 Prozent an Zeit, Kraft und Intelligenz finanziert wird.

Die restlichen 80 Prozent unserer Zeit stehen also den C-Aufgaben zur Verfügung. Vielleicht verstehen Sie jetzt unsere These: »Mit weniger Arbeit mehr erreichen.«

Durch zehn Minuten konzentrierter Planung können Sie täglich bis zu zwei Stunden sparen. Diese Erkenntnis müsste Sie zur sofortigen Konsequenz veranlassen.

Wie sollte Ihre Praxis aussehen? Am besten, Sie gehören zu den Menschen, die jeden neuen Tag am Vorabend planen. Der neue Tag beginnt also schon am Abend vorher. Sie schreiben zunächst auf, was Sie alles am nächsten Tag erledigen müssen. Erst sortieren Sie die Arbeiten nach dem Zeitablauf. Dann übertragen Sie Ihre konkreten Vorhaben in Ihren Terminplaner. Sie wissen ja, Ihr Terminplaner ist Ihr sichtbares Unterbewusstsein. Indem Sie jetzt schriftlich Ihren Tagesablauf übertragen, speichern Sie Ihre Ziele auch automatisch in Ihrem Unterbewusstsein. Sie schreiben es buchstäblich in Ihr Unterbewusstsein hinein. Nun erst kommt der entscheidende Punkt: Erst jetzt stellen Sie sich die Frage: »Was ist morgen für mich und für meine Zukunft das Wichtigste?«

*Wer seine Zeit aus der Hand gleiten lässt, lässt sein Leben aus der Hand gleiten.* (Victor Hugo)

Welches ist morgen meine A-Aufgabe?

Dieses A unterstreichen Sie mit rot.

Jeder Tag sollte viele Aufgaben beinhalten. Aber nur eine, höchstens zwei A-Aufgaben. Denken Sie dabei immer an die Erkenntnis, dass Sie nur 20 Prozent Konzentration für 100 Prozent Erfolg brauchen.

*Gegenüber der Fähigkeit, die Arbeit eines einzigen Tages sinnvoll zu ordnen, ist alles andere im Leben ein Kinderspiel.* (Goethe)

Warum scheitern so viele andere Planungsmethoden in der Praxis? Ganz einfach, weil die Planer zu viel in den Tag hineinplanen. Das erzeugt jeden Abend nur Misserfolgserlebnisse; denn die Stunde hat nicht mehr als 60 Minuten.

Bei dem von mir empfohlenen Weg steht an jedem Abend ein Erfolgserlebnis. Voraussetzung ist, dass Sie am Vorabend den neuen Tag konzentriert geplant haben. Aber Sie wissen auch, dass im Verlauf des Tages viele neue Dinge dazu- und dazwischenkommen und den schönsten Plan zerstören können. Aber einen Tagespunkt, nämlich den rot-unterstrichenen, sollten Sie, auch wenn noch so viel dazwischenkommt, erledigen. Dieser eine entscheidende Punkt ist Ihre tägliche Sprosse zum Erfolg. In der Konsequenz heißt das, praktisch jeden Tag einen Schritt voranzukommen.

Wer jeden Tag einen großen Erfolg registriert, hat sieben Erfolge in der Woche, dreißig im Monat, dreihundertfünfundsechzig Erfolge im Jahr.

Damit wächst das Bewusstsein, jeden Tag seinen Zielen einen Schritt näherzukommen. Eine positive Eigendynamik entwickelt sich.

Zurück zur Praxis. Sie haben neben der einen wichtigen »rot unterstrichenen« Aufgabe noch zehn weitere Aufgaben für den kommenden Tag geplant. Aber Sie konnten aufgrund von Störungen und Zeitdieben nur sechs erledigen. Was wird aus den vier unerledigten Aufgaben?

Entweder die Aufgaben erledigen sich durch Liegenlassen von selbst, waren also gar nicht so notwendig, oder aber es entwickelt sich daraus eine A-Aufgabe für den nächsten Tag. Zu viele Menschen arbeiten immer noch nach dem Prinzip: wild gewühlt ist besser als gut geplant. Das sollte bei Ihnen ab sofort aufhören.

Konzentration auf das Wesentliche, das ist Ihr Erfolgsprinzip.

*Die Ablehnung, Unwichtiges zu tun, ist eine entscheidende Voraussetzung für den Erfolg.* (Mackenzie)

Neben einer praktischen Anleitung zum Führen Ihres Planungskalenders sollte dieser Bericht Ihr Zeitbewusstsein entwickeln. Am deutlichsten hat Anne Steinwart dies einmal ausgedrückt:

»Als hätten wir eine Ewigkeit Zeit, so verplanen wir unsere Tage.«

*Gebraucht der Zeit, sie geht so schnell von hinnen, doch Ordnung lehrt Euch Zeit gewinnen!* (Mephistopheles in Goethes *Faust*)

Wenn wir uns keine Zeit nehmen zum Betrachten und Kennenlernen, zum Verweilen und Nachdenken, verlernen wir zu leben.

Wir verschieben alles auf morgen, auf nächstes Jahr, auf später, als hätten wir eine Ewigkeit Zeit zur Verfügung.

Beherzigen Sie die folgenden Vorsätze, aber nicht nur für die nächsten zwei Monate.

1. Ich werde zeitbewusst und zeitempfindlich leben.
2. Ich werde stets auf ein Ziel hinarbeiten.
3. Ich werde eine Rangordnung für meine Arbeit aufstellen.
4. Ich werde mich positiv kontrollieren.

Einen Tag, also vierundzwanzig Stunden, richtig – das heißt erfolgreich – zu durchleben, ist der Anfang der Lebenskunst.

Darum vergessen Sie auch nie, dass positives Erfolgsstreben nur die eine Seite eines glücklichen Lebens ist. Arbeit und Muße sind kein Gegensatz, sie sollten eine Einheit bilden. Sie sollten rhythmisch ineinanderklingen. Eine Stunde hat nur sechzig Minuten. Und darum sollten wir wenigstens einmal in diesen sechzig Minuten einen Mitmenschen durch ein nettes Wort glücklich machen. Mit einem Gedanken von Tagore möchte ich diesen Beitrag abschließen:

»Gott achtet mich, wenn ich arbeite.
Aber er liebt mich, wenn ich singe.«

## Der Zauberspiegel

*Man beschuldigt die Menschen zuweilen, ihre eigene Schwäche nicht zu kennen. Es gibt aber vielleicht ebenso viele, die ihre eigene Kraft nicht kennen. Es geht mit den Menschen wie mit manchem Stück Erde, in dem eine Goldader verborgen ist, von der der Besitzer nichts ahnt.*

(Dean Swist)

Eine alte Sage erzählt von einem Zauberspiegel, der die Bilder der Menschen wiedergab, so wie sie wirklich waren. Nicht wie sie selbst, ihre Freunde oder ihre Feinde sie sich dachten. Von allen Enden der Welt pilgerten die Menschen zu diesem Zauberspiegel.

Nun kam auch einmal ein Pilger von außerordentlicher Bescheidenheit, stets geneigt, sich selbst zu unterschätzen. Er war sehr erstaunt, in diesem Spiegel eine Seite von sich zu erkennen, von der er bis jetzt nichts geahnt hatte.

Hier in dem Zauberspiegel sah er deutlich innerhalb der Umrisse seiner eigenen Gestalt die eines anderen Wesens. Es war so stark, voll Selbstvertrauen, ein strahlendes Bild der Männlichkeit, ohne irgendeinen der Fehler und Minderwertigkeiten, die er sich immer selbst zugeschrieben hatte. Je länger er dieses Bild betrachtete, umso deutlicher trat es hervor, bis ihm endlich klar wurde, dass dies sein anderes, sein höheres Selbst sein müsse, das Wesen, für das ihn der Schöpfer geschaffen hatte.

Das Bild in dem Zauberspiegel machte einen so großen Eindruck auf den Pilger, dass er von nun an unablässig bemüht war, sich nach ihm zu richten und zu verändern. Und mit der Zeit wurde das Bild des vollkommenen Menschen, das ihm beständig vor Augen stand, zur Wirklichkeit und trat an die Stelle des schüchternen, zurückhaltenden, sich selbst unterschätzenden Menschen, der er seither gewesen war. Nur wenige Jahre später war mit seiner ganzen Erscheinung, seinem geistigen Zustand, seinem ganzen Wesen eine vollständige Veränderung vorgegangen. Er war wirklich der größere Mensch geworden, den ihm der Zauberspiegel entschleiert hatte; und nicht nur das, er war auch in seinem Beruf weitergekommen, hatte größeren Erfolg gehabt, als er sich je hätte träumen lassen. Und er sagte sich, er fange jetzt erst an, die Möglichkeiten, die in ihm lägen, zu verwirklichen.

Es ist außerordentlich schwierig, den Menschen Glauben an ihre eigene Größe, Vertrauen in die in ihnen ruhenden Fähigkeiten nahezubringen. Wir sind gehemmt durch den alten Gedanken der menschlichen Minderwertigkeit. Aber es ist nichts Minderwertes an dem Menschen, den Gott geschaffen hat. Die einzige Minderwertigkeit in uns haben wir selbst in uns hineingelegt. Was Gott geschaffen hat, ist vollkommen. Der Fehler ist der, dass die meisten von uns nur das Zerrbild dessen sind, was sie nach Gottes Plan sein sollten. Das kommt von dem mangelnden Glauben an uns selbst, und weil wir unsere göttlichen Möglichkeiten nicht kennen. Aller Misserfolg, alle Minderwertigkeit ist die Folge davon, dass wir von unserem wahren Selbst und unserer Verwandtschaft mit Gott nichts wissen.

Der Mensch ist dazu bestimmt, Sieger zu sein und nicht Sklave. Er soll sich seines Geburtsrechtes göttlicher Kraft bedienen und zu der Höhe seiner Möglichkeiten aufsteigen, nicht darunter bleiben, wie es so viele unter uns tun. So wie wir uns sehen, so werden wir auch sein. Wir sollten das minderwertige »Bild« gegen das austauschen, das wir sein könnten und möchten. Unser geistiges Musterbild kann unser Selbst erhöhen und dann danach streben, diesem Bild gleich zu werden.

Im Zauberspiegel der eigenen Seele erkennen wir, wie wir nach Gottes Absicht sein sollten. Nicht das kleine, schwache Wesen, sondern der herrliche Mensch, den Gott in seinen Gedanken hatte, als er uns schuf. Denke, sprich, handle und lebe, wie dieser Mensch es tun sollte.

Dann werden wir im Einklang mit dem Schöpfer sein und nicht gegen ihn. Dann werden wir die Erfüllung seines Planes sein und nicht diesen durchkreuzen. Dann haben wir die reelle Chance, ein glücklicher und erfolgreicher Mensch zu werden.

## »Danke« – das schönste Kompliment

Viele Leute scheuen sich, Komplimente zu machen. Mit Recht, wenn sie plump, vordergründig und oberflächlich sind. Gleichzeitig ist uns aber bewusst: Der Mensch lebt nicht vom Brot allein. Jeder braucht Lob und Anerkennung. Der Stressforscher Hans Selye hat festgestellt, dass dem Menschen noch wichtiger als Macht und Reichtum die Anerkennung seiner Arbeit ist. Nur darauf kommt es im Grunde an. So einfach diese Erkenntnis zu sein scheint, so schwer fällt es doch, andere durch Worte anzuerkennen.

*Wer andere kritisiert,*
*verschlechtert seine eigene Situation,*
*wer andere anerkennt, verbessert sie!*

Das Einfachste auf der Welt ist, andere zu kritisieren. Leider wird unsere Jugend systematisch dazu erzogen. Kritikfähigkeit gilt als Tugend. Aber was ist viel, viel schwerer? *Bessermachen!*

Aber zurück zur Praxis und zur Analyse:

Erkennen Sie die Leistung, das Gute, das Positive Ihrer Mitarbeiter an? Sprechen Sie es offen aus? Wie oft beginnen Sie Ihre Anrede mit

»Das hat mir gut gefallen ...«

»Das ist ja toll ...«

»Das ist sorgfältige und gute Arbeit ...«

»Ihre Idee ist fabelhaft ...«

»Fachmann bleibt Fachmann ...«

»Tadellos wie immer ...«
»Das hast du gut gemacht ...«
»Dies ist großartig gelungen ...«
»Ihre Arbeit wird immer besser und besser ...«
»Das macht Ihnen so schnell keiner nach ...«
»Es gefällt mir ...

All dies sind Zauberformeln, die die Herzen unserer Mitmenschen aufschließen.

Das schönste und einfachste Kompliment aber, das man machen kann, ist das kleine Wort »danke«. Beobachten Sie einmal, wie oft die Meister in der Kunst der Menschenbehandlung sich bedanken. In anderen Ländern bedankt man sich viel öfter als bei uns.

Danken und Lächeln sind die Grundpfeiler des Charmes!

# Nachwort: Mit Freude leben

*Seit es Menschen gibt, hat der Mensch sich zu wenig gefreut. Das allein, meine Brüder, ist unsere Erbsünde.*

(Nietzsche)

Ich freue mich, dass ich lebe!

Mit diesem Gedanken sollten Sie morgens die Augen öffnen. Freude ist das Grundgesetz des Lebens. Alles, was Sie im Verlauf des Tages mit Freude und aus Freude heraus machen, wird gelingen und hat den Glanz des Besonderen.

Aber alles, was Sie aus Unlust tun, trägt den Keim des Misserfolges in sich.

Nur der Mensch ist mit einem Bewusstsein ausgestattet und kann es erweitern. Zum Beispiel durch die Suggestionsformel:

*Ich werde täglich mehr Dinge in meinem Leben entdecken,
die mich erfreuen und meinen Tag erhellen.*

Viele Menschen halten es für ein Zeichen von Intelligenz, an allen Dingen möglichst viel Negatives zu entdecken. Dabei ist es der Ausdruck konsequent angewandter Dummheit. Es gehört nämlich viel mehr Intelligenz dazu, an allen Dingen und Geschehnissen das Positive zu erkennen.

Wer nach dem Positiven sucht, wird es finden. Wer es nicht sucht, geht an den Quellen seines Glückes und der Freude achtlos vorbei.

Wenn man durch die Straßen unserer Städte geht und sich die Gesichter der Menschen anschaut, wird man darin kaum Heiterkeit, Lebensfreude oder Mut entdecken. Ihre Körperhaltung, ihre Mienen verraten eher das Gegenteil. Die Blicke sind matt, die Köpfe gesenkt, die Gesichter ernst und verkrampft, als ob auf allen ein negativer Druck läge. Viele tragen die Züge von Angst, Kummer, Sorge und Not im Gesicht. Andere schauen gleichgültig, teilnahmslos oder arrogant in die Welt.

Freude aber strahlt – wie auch andere Gefühle – tief in den Körper hinein und deutlich aus dem Gesicht heraus. Freude beschwingt den Gang, das Gesicht leuchtet, ist hell, klar und warm, und die Augen sprühen und funkeln.

Vom Herzen sagt der Volksmund, dass es hüpft, wenn es Freude empfindet, von der Stimme, dass sie jubelt. Die Freude reicht sogar bis in unsere Blutgefäße hinein. Die gesunde Hautfarbe zeigt an, dass die Adern im Zustand der Freude weit geöffnet sind und der Körper vom Blut warm durchströmt wird.

*Gesichter sind Lesebücher des Lebens*

Wann haben Sie zum letzten Mal Ihren Gesichtsausdruck im Spiegel kontrolliert? Nicht nur, wenn Sie am Abend die kosmetische Behandlung vornehmen, sondern täglich in den unterschiedlichsten Lebenssituationen.

Hängen die Mundwinkel?

Ist die Stirn gefurcht?

Sind die Augen kalt und abweisend?

Dann fragen Sie sich, warum das in dem Moment so ist, und ob dieser Tag wirklich so schwer war, wie Ihr Gesicht widerspiegelt. Jeder Tag bietet uns mehr Chancen, als wir nutzen können. »Glück ist ein Talent für das Schicksal«, sagt Novalis. Entwickeln wir uns zu Glückssuchern, so werden wir im wahrsten Sinne des Wortes zu Sonntagskindern.

»Sonntagskinder« haben eine heitere Gelassenheit, strahlen Sicherheit und Geborgenheit aus, haben Geduld und sind dankbare Menschen.

Unzufriedene Menschen dagegen sind fast immer hektisch, aufgeregt, ungeduldig, zerstreut, egozentrisch und rechthaberisch. Da sie selbst nicht positiv motiviert sind, können sie auch andere nicht motivieren. Glück ist ansteckend. Deshalb fragen Sie sich doch täglich, wie groß die Ansteckungsgefahr ist, wenn man mit Ihnen zusammen ist.

Das Erleben von Freude hängt nicht nur von dem Anlass ab, sondern ist die Fähigkeit, die der Mensch zusammen mit der Gestaltung seines Charakters erwirbt.

*Glück ist ein Zustand des Denkens.*

Wir sollten daher lernen, unser Gehirn, unser Unterbewusstsein zu beherrschen.

Ich weiß, dass den meisten Menschen dieser Gedanke nicht nur neu, sondern auch fremd ist. Die vielen Misserfolge und psychosomatischen Krankheiten machen aber die Macht der Gedanken deutlich. Es ist möglich, das eigene Gehirn täglich zu beeinflussen durch positive, aufbauende Gedanken, die gesund und glücklich machen.

Die bewusste Autosuggestion ist der Königsweg, das Gehirn wirkungsvoll positiv zu trainieren.

Wir beschäftigen uns mehr mit der Frage, was die anderen denken mögen, als damit, welche Gedanken wir selbst produzieren. Durch kluge Selbsterziehung und Gedankendisziplin erziehen und trainieren Sie Ihr Gehirn zur Produktion von positiven Gedanken. Schon vor 2500 Jahren sagte Siddharta Gautama: »Herrschaft über das Denken gibt Macht über Leib und Leben«.

Sie lernen Ihre Gedanken und damit Ihren Körper, Ihre Handlungen – und sich selbst zu beherrschen, ganz im Sinne des Philosophen Johann Gottlieb Fichte: »Mensch werde wesentlich«.

Die folgende Autosuggestion sollten Sie so oft wie möglich lesen und auswendig lernen. Lautes Lesen und auswendig Lernen sind das beste Gehirntraining. Wir trainieren damit unser Gehirn, weiter zu denken, zu fühlen, zu empfinden und zu handeln. Nach einer gewissen Zeit werden auch Sie täglich mehr Dinge erleben, die Sie erfreuen und Ihren Tag erhellen.

*Ich brauche Macht über mein Unterbewusstsein!*

*Mein Unterbewusstsein ist mein bester Mitarbeiter, es ist der Riese in mir.*

*Ich lerne mein Unterbewusstsein immer wirksamer zu beeinflussen.*

*Täglich werde ich mein Unterbewusstsein überzeugend und suggestiv ansprechen, um ihm zu sagen, was ich von ihm erwarte.*

*Täglich wächst mein suggestiver Einfluss. Das stärkt und kräftigt meine Persönlichkeit. Alle Kräfte und Fähigkeiten meines Unterbewusstseins warten darauf, meine Wünsche zu erfüllen.*

*Aus diesem Grunde werde ich täglich konzentriert und suggestiv mein Unterbewusstsein beeinflussen; dann wird mein bester Mitarbeiter alles tun, was ich von ihm erwarte. Darum wiederhole ich immer wieder: Mein persönlicher Einfluss wächst und wird stärker von Tag zu Tag.*

Der Manager eines großen Konzerns fällte eines Tages eine Entscheidung, die sich äußerst negativ auswirkte. Um für die Folgen nicht gerade stehen zu müssen, floh er - unbewusst - in eine Krankheit. Da er ein gewissenhafter Mensch war, führte er ein Tagebuch, in das er alle Krankheitssymptome und alle Verordnungen eintrug. Er schrieb also nicht nur ein Tagebuch, sondern er beschrieb vor allem sein Unterbewusstsein. Eine negative Kettenreaktion begann. Von Tag zu Tag wurde seine Gesundheit sichtbar labiler. Bis er nur noch ein Schatten seiner selbst war.

Stattdessen sollten Sie als Gesunder wie als Kranker ein Glückstagebuch führen. In dieses Buch schreiben Sie täglich, worüber Sie sich gefreut haben, was bemerkenswert schön an diesem Tag war, und davon gibt es viel mehr Eindrücke, als Sie manchmal mürrisch abends noch wissen. Schon nach einem Monat haben Sie in Ihrem Glückstagebuch nicht nur viele freudige Erlebnisse festgehalten, sondern vor allem in Ihrem Unterbewusstsein - und das ist viel wichtiger.

Bewusstsein ist Schöpfung. Das aktivierte positive Bewusstsein wird sich automatisch erweitern; denn - plötzlich werden Sie täglich mehr Dinge erleben, die Sie erfreuen und Ihren Tag erhellen.

In der Freude erscheint nicht nur die Welt schöner, sondern mit dem Menschen vollzieht sich eine Wandlung. Ein bejahender Mensch bejaht sein Leben täglich, auch wenn es nicht immer von Erfolgserlebnissen strotzt. Dadurch werden seine seelischen Kräfte mobilisiert; denn das Gefühl der Freude drängt zur Tat. Freude bedeutet Daseinsbereicherung. Das Kraftbewusstsein des Menschen wächst, er fühlt sich vollkommener und sieht die Welt vollkommener.

Freude verleiht dem Menschen Schwung für den Sprung über das Gegebene.

Freude erweitert nicht nur die Auffassungsgabe, sie ermöglicht auch neuartige Erkenntnisse, die nur in dieser Stimmung zu gewinnen sind.

*Wer viel Freude hat, erreicht gerade das, was der Klügste mit all seiner Klugheit erstrebt.*

(Nietzsche)

Nichts ist höher zu schätzen als der Wert eines Tages. Jeder Tag ist einzigartig. Jeder Tag ist eine Aufgabe für sich.

Wie ein Mensch seinen Tag lebt oder verlebt, zeigt, ob er sein Leben führt oder ob er geführt wird.

Wir wünschen uns täglich gegenseitig einen »Guten Morgen«. Aber wie wenig tun wir selbst dazu, dass es auch ein wirklich guter Morgen wird.

Haben Sie zum Beispiel heute früh schon Ihr Psychogenes Atemtraining praktiziert und anschließend Ihre Programmierung voller Überzeugungskraft gesprochen? Damit Sie in Schwung bleiben, hier gleich noch eine zweite Autosuggestion.

*Jeder liebt den kraftvollen, lebensbejahenden und harmonischen Menschen. Meine positiven Gedanken und Gefühle erzeugen meine Anziehungskraft. Deshalb werde ich immer harmonischer, immer ausgeglichener und immer stärker.*

*Mein Selbstbewusstsein gibt mir Halt und macht mich zufrieden. Der Erfolg ist mein; denn ich verursache ihn selbst.*

Morgens sollten wir uns mit der nötigen Spannkraft ausrüsten, die wir für einen Tag der Freude brauchen. Täglich neu muss der Erfolgswille geweckt werden, um dem grauen Alltag keine Chancen zu geben.

Gut die Hälfte aller Sorgen und Probleme rührt von unserer eigenen Dummheit und Faulheit her. Wir leiden unter unseren Sorgen, aber wir tun nichts dagegen. Um satt zu werden, müssen Sie essen. Da ist keine Delegation möglich. Genauso ist es mit dem Glück, das wir erleben wollen. Auch das können wir selbst verursachen, denn alles beginnt im Denken!

www.enkelmann.de

DAS
FÜHRUNGS-
TRAINING
Werden Sie der Chef, um den sich die besten Mitarbeiter reißen.
mit Alexander A. Gorjinia
• Die 11 Gesetze der Führung
• Umgang mit schwierigen Mitarbeitern
• Wie Sie zum Motivator werden
• Mitarbeiter-Typen & Gruppendynamik
• Führungsstile & Entscheidungsfindung
• Visions-Management: In fünf Schritten zur Führungspersönlichkeit
• Sieben Tipps zur echten Mitarbeitermotivation
• Der Alpha-Leader
Gewinnen Sie das Vertrauen und den Teamgeist Ihrer Mitarbeiter. Chefs, Unternehmer und Führungskräfte haben nie gelernt, ihre Mitarbeiter zu führen. Doch wer Menschen begeistern kann, kann auf Zwang verzichten. Nutzen Sie das bewährte Enkelmann-Erfolgs-System, um zu einer außergewöhnlichen Führungspersönlichkeit zu werden.
ACHTUNG: inkl. VIP Dinner mit einer außergewöhnlichen Führungspersönlichkeit
Institut Dr. Enkelmann • Altkönigstraße 38c • 61462 Königstein/Ts.
Telefon: 06174 20320 • www.enkelmann.de

Das neue Charisma-Training
7 Dinge, die Menschen
mit Ausstrahlung anders machen
Das Intensiv-Seminar in Königstein/Ts.
DAS GEWISSE ETWAS
EINFACH MEHR CHARISMA
CLAUDIA E. ENKELMANN
Das neue Charisma-Training
Dr. Claudia E. Enkelmann
• Das Geheimnis positiver Ausstrahlung
• Persönliche Wirkungsanalyse
• Wahrnehmungsprozesse erkennen und nutzen
• Überzeugen durch und mit Persönlichkeit
• Stärken gekonnt sichtbar machen
• Mut zur eigenen Persönlichkeit
• Verdopplung der Ausstrahlung
• Geheimnisse großer Charismatiker
• Vertrauen gewinnen
• Menschentypen lesen
• Körpersprache der Erfolgreichen
• Die perfekte Selbstdarstellung
• Symbole und Strategien der Macht
• 25 Merkmale charismatischer Menschen
• Der WOW-Effekt
Weitere Information und Anmeldung unter:
www.enkelmann.de oder per Telefon: 06174-2 03 20
Mit Dr. Claudia E. Enkelmann